一九三九年の在日朝鮮人観

著 木村健二

ゆまに書房

一九三九年の在日朝鮮人観

目　次

序　章　課題と研究史 ―――――――――――――――――――― 5
　1．本書の課題と構成　7
　2．研究史の整理　8
　3．「内地同化」政策導入の経緯　12

第1章　朝鮮人の来住と政策・呼称の推移 ――――――――――― 27
　1．併合前後の在日朝鮮人　29
　2．国勢調査にみる在日朝鮮人　34
　3．在日朝鮮人渡航政策と呼称の推移　44

第2章　在日朝鮮人古物商の成立と展開 ――――――――――― 57
　1．在日朝鮮人営業者の推移　60
　2．古物商の位置　62
　3．『昭和拾四年度版　日本実業商工名鑑　廃品版』
　　の分析　65
　4．在日朝鮮人のリーダー層　70
　5．戦後の動向　76

第3章　1939年の関門日日新聞にみる在日朝鮮人 ―――――――― 81
　1．新聞記事一覧と当該期朝鮮人関係政策　83
　2．関門日日新聞にみる下関の朝鮮人　93

第4章　「座談会：福岡県下在住朝鮮人の動向に就て」
　　　にみる朝鮮人観 ――――――――――――――――― 109
　1．朝鮮人労働者の移動・稼働　113
　2．生活・教育問題等　116
　3．思想政治動向及び時局認識　120

第5章　山口県における内鮮融和事業とその変遷
　　　　　―下関昭和館を中心に― ────────────131
　1．融和団体に関する研究史　134
　2．内鮮融和施設下関昭和館の設置　138
　3．下関昭和館の事業とその推移　142
　4．山口県における在住朝鮮人観　150

第6章　協和会体制下における朝鮮人対策 ────────161
　1．協和会体制の構築　165
　2．協和会の組織　169
　3．協和会の活動　175

終　章　まとめと展望 ──────────────────187
　1．本書のまとめ　189
　2．朝鮮人労働者観とその変容　190
　3．興生会への組織変更　199

あとがき　205
索　引　209

【カバー表紙・裏表紙の写真】
下関昭和館付近の地図と下関昭和館（本書第5章参照、『昭和館事業要覧』1931年斎藤實記念館所蔵）、上條市場の様子（本書第3章参照、『関門日日新聞』1939年12月12日付、山口県立山口図書館所蔵）

序　章

課題と研究史

1．本書の課題と構成

　本書は、1939年末に確立する協和会体制に関連して、主として山口県や福岡県において、どのような在日朝鮮人観があったのかを、当局の政策、ジャーナリズム、座談会、融和団体における位置づけを中心に検討し明らかにすることを課題とする。それを通して、敗戦以降今日に至る日本人の在日朝鮮人観にどのような影響を与えたかを展望する一助としたい。

　その際の留意事項として、１．当然のことであるが、日本側の在日朝鮮人政策や日本人の在日朝鮮人をめぐる発言に着目する。２．中でもジャーナリズムの取り上げ方がどのようなものであったかに着目する。３．山口県、福岡県の在日朝鮮人に着目するわけだが、とりわけ山口県に関して、協和会設立に至る経緯やその展開過程を、一県レベルで追跡する。４．政策に関しては戦時下の協和会を対象とし、とくに1939年という時点に焦点をあてて検討する。

　本書の構成は、まず第１章で来住朝鮮人の構成の基本的事項につき、併合前後、1920、30、40年の国勢調査年の４時点に関して検討する。そして併合前、併合後、戦時下において、いかなる在日朝鮮人政策が実施されたか、そのもとで山口県のジャーナリズムによる在日朝鮮人に対する呼称はどのように変化したかをみていく。第２章では、在日朝鮮人が定住化の過程で従事した古物商をとりあげ、その営業実態をみ、そうした中からリーダー層が出現する状況について検討する。第３章では、山口県内でもっとも読者を多く獲得していた関門日日新聞を取り上げ、1939年の記事から、当時の在日朝鮮人が置かれていた状況について、政策の実施過程との関係や読者の投書を引き合いに出しながら検討する。第４章では、1939年に福岡県において開催された在住朝鮮人に関する座談会を取り上げ、そこで議論された労働者の移動・稼働状況、生活・教育問題、思想政治動向及び時局認識などに関して、日本

人間においてどのような位置づけがなされていたかを検討する。第5章では、下関に設立された内鮮融和施設である昭和館を取り上げ、その果たした役割、山口県社会課の方針や昭和館の館長であった薬師寺照宣の発言について検討し、1930年代後半における変容過程を明らかにする。第6章では、山口県協和会について、県レベル、支会レベルでどのような組織のもとにどのような活動が展開されたかを、1939年に焦点をあてつつ、その後の動向にも目配りをしながら検討する。

　1939年という年は、第3章で見るように、在日朝鮮人にとって、中央協和会のもとに各道府県レベルで一斉に協和会が設立され、そこに包摂されて「内地同化」という形で自らの文化や生活習慣まで否定されていく年であった。それに関連して、日本人の在日朝鮮人観にも大きな影響を及ぼすことになった年でもあった。

　以上の検討を通じて、日本人側の政策の背景やジャーナリズムの位置づけ、そしてそれが個々人の在日朝鮮人観に及ぼしていくものについて明らかにし、終章においては、さらにこの1939年の協和会体制ともいうべき状況が、戦争が深化していく過程でいかに変容し、敗戦／終戦を迎えることになるかを展望していく。

2．研究史の整理

　これまで、近代日本における日本人の在日朝鮮人観に関する研究は、歴史学の分野を中心に朝鮮人の内地渡航をめぐって、政策レベルでの分析が金英達や外村大、そして近年では水野直樹・文京洙や福井譲などによってなされている[1]。また協和会に関しても朴慶植や樋口雄一をはじめとして各府県レベルで研究が蓄積されてきた[2]。しかしそれらの観点は、こうした政策がいかに朝鮮人を苛酷な状況に追いやったかに向けられ、日本人の在日朝鮮人観として、そうした観点や政策が生まれるプロセスや背景にまでたどって分析した

ものは少ないように思われる。

　筆者はかつて、1910年代後半から20年代にかけての時期の、増加していく朝鮮人労働者に対する日本人側の位置づけについて、新聞・雑誌記事を中心にまとめたことがある。そこでは、たとえば『社会政策時報』1929年12月号に掲載された秋山斧助の「鮮人労働者と失業問題」という論考には、「過激・不快・不潔又は危険の労働を厭はない事は確かに鮮人労働者の特徴」とあって、現代の３Kと呼ばれる職種にこのころより就いていたことが知られる。この間、メディアから出された朝鮮人労働者観は、安くて有能な朝鮮人労働者の導入はメリットがあるという主張と、内地労働者にとって賃金面で悪影響とするデメリット論があり、また失業朝鮮人への保護策を唱えるものも公安上憂慮すべきという観点からのものであった（大阪毎日新聞、大阪朝日新聞、福岡日日新聞等）。さらに各界では、朝鮮人労働者の大量流入に対して、賃金の下落、労働市場での競争、失業増大、労働者間の対立などをあげる一方、対応の仕方としては、朝鮮の円滑な統治という観点から、内地労働者と区別なく保護すべきで、しかしもっともなすべきは朝鮮で就労できるようにすることだとか（河津暹）、朝鮮が朝鮮人のために住みよい国土にならない限り朝鮮人労働者の流入を防止することはできないという意見（安部磯雄）、「内鮮融和」の観点から、内地人の朝鮮移住をそのままにしておいて、朝鮮人労働者のみに内地渡航を禁止するのは公平でないとか（善生永助）、居住移転に差別的取扱いをせず、整然とした職業紹介制度を樹立し、失業防止のための公共事業を朝鮮で起こすべきであるという意見（守屋榮夫）、さらに左翼運動の側からは、内地資金を朝鮮に投下して労働力需要を喚起すべきで、また高度な社会政策を朝鮮にも実行すべきとか（櫛田民蔵）、同一の労働に対し同一の報酬とか（山川均、片山潜）、一切の差別待遇の排除（青木邦夫）などと主張する。このように多様な見解があったことが知られるが、1930年代以降については追跡できていない。けっきょく政策としては、朝鮮総督府では、内地渡航抑止の一方、1932年には「北鮮開拓事業」が着手され、満洲国成立にとも

なう満洲移住も奨励され、1939年の労務動員実施までは日本内地へは極力行かせない方向に進んだのである。

歴史学の分野で、済州島から大阪への朝鮮人の渡航と定着のプロセスを取り上げ、その間の日本人側の「まなざし」について論じたものに、杉原達の研究がある[4]。そこではとくに「第Ⅴ章 『同化』のまなざし―朝鮮人をめぐる近代都市大阪の言説空間」において、当時の大阪には、1．徹底した差別と排除、2．社会主義勢力による民族間矛盾の無視ないし過小評価、3．都市社会問題の一環に朝鮮人を位置づけるという3つのまなざしがあったとしている。とくに3の視点は重要であって、そうした視点が1930年代にどのように推移していくのかについて本書ではみていきたい。

なお、戦時下における在日朝鮮人労働者に関して、「宥和的」ないし「訓練による矯正的」対応のあったことが西成田豊や市原博によって指摘されており、また近年では宮地英敏によって労働力需給面を中心に労務動員計画の内実にまでたどった研究がなされているが、これらを協和会体制全体のなかで位置づける必要があるように思われる[5]。

これに対して文学史あるいは思想史の側面から、2つの注目すべき研究が出されている。1つは朴春日の研究で、日本の文壇に表された「朝鮮像」を征韓論以来たどったもので、嵐の時代（1868〜1912年）、風雪の時代（1912〜1926年）、抵抗の時代（1926〜1935年）、戦争の時代（1935〜1945年）の4期に区分し、とりわけ併合前後の時期と日中戦争から太平洋戦争に至る時期に「朝鮮ブーム」といわれるほどの出版状況がみられたが、ともに軍国日本の対朝鮮政策の具体化として現れたものであるとして告発している[6]。

いま1つは南富鎭の研究で、征韓論から台頭した否定的な朝鮮人像が、壬午軍乱や甲申政変などによって深化され、日清戦後に体系化され完成するとする。その一方、「朝鮮人の美徳論」も併合前後の時期や「一視同仁・内鮮融和論」がしきりに喧伝された1934年以降にみられるが、前者にあっては日本人の移住を可能にするためのものであったこと、後者にあってはそれと同

時進行的に朝鮮民族を「改造」し皇国臣民化を推し進める政策が実施されていったことが指摘されている[7]。

これらの論考は、在日朝鮮人を直接扱ったものではなく、日本人による朝鮮あるいは朝鮮人像を総体として把握しようとしたものである。しかしそれは、はしなくも日本の朝鮮植民地化と統治の過程で作り上げられた朝鮮観であって、それが在日朝鮮人観にも通底していることをうかがわせるものである。もっとも、在日朝鮮人特有の「問題状況」も含めてとらえなければならないのであり、それは日本人に「内なる国際化」を問いただすことにもつながるものといえる。また抽象的論考や作品として描かれたものにとどめるのではなく、生活や労働現場などの具体的な在日朝鮮人との接触部面での視点についてもみていく必要があると考える。

社会学の分野では、併合時点の在日朝鮮人に関して、山中速人はジャーナリズムの報道を分析し、併合の正当化・合理化のための朝鮮停滞論・日鮮同祖論などのレトリックを在日朝鮮人報道にも援用し、一方で犯罪報道などに見られる不安や排斥的態度を示しつつも、他方で「同化主義」に基づく朝鮮人留学生の日本化への楽観的な見通しを示していたとする[8]。さらに山中は、「同化」を「社会の諸相にわたる全面的な民族集団間の同一化の過程」と定義づけたうえで、日本の「同化政策」＝「同化・融合」においては、倫理的帝国主義の同化論（制度的平等化）と天皇制ナショナリズムの同化論（文化的次元の同一化）の2つの側面があったとし、その実施にあたっては、植民地統治責任者においては徹底したリアリズムによって左右されたとしている[9]。山中は具体的なリアリズムの中身については論じていないが、この論法でいけば、三・一独立運動の過程で登場していく「融和論」から、後述するように1930年代半ば以降「同化論」へ転換していったのも、在日朝鮮人の増加や戦時体制への移行という状況の変化の中で、それに対応すべくとられた方針転換とみなすことができよう。

朝鮮人の呼称の推移なども、在日に限ったものではないが、この間の日本

側の観点を知るうえで重要であり、内海愛子などの研究がある[10]。本書でも、併合以前や戦時下を含めて取り上げている。1920年代の朝鮮における「同化」問題と在朝日本人のステータスについては、日本本国と必ずしも利害が一致しないため、より複雑な様相を呈することになるのは、内田じゅんが指摘しているところである[11]。在朝日本人の朝鮮観・朝鮮人観については他日を期したいと考えている。戦後に関する加藤千香子の一連の研究も、現代の日本人の在日朝鮮人観をいかに構築すべきかという点で、直接的につながるものとして重要である[12]。ここでは、いったん戦前期にさかのぼって、その課題に接近する足がかりを求めてみたい。

　以下では、政策やメディアの観点、そしてそのもとでいかに日本人の在日朝鮮人観が形成されていったのかについて、1939年という時点に着目して検討していく。それは、「協和会体制」と呼びうるものが確立し、「内地同化」という方向に転化していくという点で、当該年が大きな位置を占めると考えられるからである。

　その前に、そこに至る前段階の動向を研究史とともに確認しておきたい。

3．「内地同化」政策導入の経緯

　ここでは、1934年以降「同化時代」と時期区分され（武田行雄）[13]、「朝鮮人移住対策ノ件」（1934年10月閣議決定）をもって「以後の在日朝鮮人政策の基本路線」（樋口雄一）[14]とされるに至る経緯とその後の歩みをたどり、本書での課題につなげていきたい。この時期に関しては、戦時下におけるいわゆる「皇民化政策」の前段階として重要であるにもかかわらず、これまであまり厳密には検討されてこなかった時期であり[15]、とくに在日朝鮮人をめぐる状況に関しては、樋口雄一や塚﨑昌之の研究を除いて空白であったといえる[16]。またこの両者の研究でも、「同化」の文言やそこでうたわれた生活改善の意味するところを深く掘り下げたものにはなっていないように思われる。

まず政府は、1933年の10月に内務省事務官を調査のために朝鮮へ派遣している。この派遣で何が調査されたか不明であるが、おそらく後の決議事項などをみると、内地渡航朝鮮人の増加とそこで発生する諸問題に鑑み、いかに朝鮮人の内地渡航を減少できるか、朝鮮総督府はそれにどう取り組んでいるかなどであったと思われる。この時期朝鮮では、宇垣一成総督のもとで、「北鮮開拓事業」や「農村振興運動」が展開され、とくに後者においては、「民心作興施設要項」の提示（1932年11月10日）と並行するように経済更生策が推し進められ[17]、そうした中で「民衆の生活安定・福利の増進は統治の要諦[18]」とし、「生活改善に関する施設」も取り組まれていたことに留意すべきであろう[19]。具体的に、日本内地へもっとも多くの朝鮮人を送り出した慶尚南道の事例をみると、農村振興の諸施設の9番目に生活改善が掲げられ、砂防工事出働人夫並に家族に、「手製草履の使用・作業服着用を励行し、又は昼食は冷食とし、節酒節煙を励行」させたとある。また京畿道では、都市における生活改善実施促進事項として、色服着用の普及、冠婚葬祭の改善、時間尊重観念の鼓吹があげられている[20]。

　一方大阪府では、1933年11月に「朝鮮人問題懇談会」がもたれる。塚﨑昌之によれば、そこでの意見交換で「根本問題は在阪朝鮮人の内地人化（傍点引用者）教育にあることが殆ど意見一致」したという[21]。この文言は大阪毎日新聞の記事によるものであり、「内地人化」をいかに解釈するか微妙であるが、記事のタイトルは「内地化」であって、後述のように大阪での直近の審議事項には「内地化」はあっても、人格そのものを示す「内地人化」はうたわれておらず、またそれが上位項目として位置づけられていたわけでもない。

　大阪市社会部調査課では、1923年に調査し、翌年に『朝鮮人労働者問題』としてその結果を公刊している。それは、「朝鮮人が無制限に来住する此社会事実を、一つの重大なる社会問題として、頻りに論議」されるようになったが、「併合せし主旨より推せば、朝鮮人を完全指導すべきは吾人の義務である」ということで行われたものである。それによると、土方・職工・日傭

労働者150人中、送金も貯金もしないというものは26％であって、朝鮮にある時よりも生活は向上している（それは内地生活の文化の刺激によるものとする）とし、元来性質温和な彼等が犯罪に手を染めるのは下劣な方面の内地人を真似した結果であるとする一方で（103～104、116頁）、結論では「一度、内地に来住せしものについては、飽くまでも、保護指導すべきである」として、「同

年表　「内地同化」政策導入の経緯

年月日	事　項
1934. 1	大阪府に内鮮融和事業調査会ができる（4月に規則、5月に6項目を制定）
1934. 4	政府：内務省社会局・警保局・拓務省・朝鮮総督府の有識者を集め協議
1934. 7.12	大阪府内鮮融和事業調査会第五分科会で「内地化生活改善等教化方法」
1934. 9	大阪府：鶴橋・泉尾・今宮警察署管内に矯風会を設置
1934.10.30	政府：「朝鮮人移住対策ノ件」閣議決定
1934.12	大阪府通常府会：内鮮融和問題に関する意見書
1935. 7. 5～	大阪府内鮮融和事業調査会6分科会でそれぞれ委員会開催
1935. 8.20	大阪府内鮮融和事業調査会第3回総会で、6分科会案を無修正満場一致で決議（席上、府会議員・薄恕一の緊急動議～早急実施のために府の予算編成と主務省・朝鮮総督府の援助を要望）
1935. 9.21	大阪府内訓　A 内鮮融和ニ関スル大阪府知事内訓 　　　　　　B 内鮮融和ニ関スル事務取扱心得 　　　　　　C 内鮮問題協議会規程
1935.12.24～36. 1.21	第68回帝国議会で36年度予算として「協和事業費」5万円を提案（歳出臨時部・内務省所管）
1936. 6～7	政府：地方長官会議、警察部長・学務部長・社会課長打合会議
1936. 8.31	政府：「協和事業実施要旨」を通牒指示
1936. 9	大阪府内鮮融和事業調査会「在住朝鮮人問題ト其ノ対策」をまとめる

出典：内務省警保局編『社会運動の状況』7（昭和十年、三一書房、1972年）、朴慶植編『在日朝鮮人関係資料集成』第3巻（三一書房、1976年）、『第六十八回帝国議会衆議院議事摘要』1936年、樋口雄一「大阪における矯風会活動―在日朝鮮人抑圧活動の原形」（『海峡』7、1978年3月）、武田行雄「内地在住半島人問題と協和事業」（国策研究会編『研究資料』第8号、1938年3月）、『大阪府会史』第4編上巻（1957年）、より。

化指導」の必要がある、「同化政策を行はざる可からず。これ、個人の社会化に外ならないからである」とする（122頁）。この論理的飛躍をどのように解釈するか難しいが、続けて、朝鮮人労働者も「内地人の風俗習慣を採用し、忠実なる内地人たるの心掛を持つべき」（123頁）とするような発想が、きわめて早い時期からあったことも否定はできない。

　もっとも、やはり大阪市社会部の労働課が『社会部報告』177号（1933年）に発表した「朝鮮人労働者の近況」によれば、「朝鮮人労働者は内地の失業問題をより一層深刻化するばかりでなく幾多の社会問題を惹起しつつある」という観点から、来住の原因、渡来の状況、労働と生活に関して述べたうえで、「新しき問題」として失業問題、住宅問題、融和問題、労働運動、性の問題等が現出しているとしつつ、それの根本的対策は「朝鮮に於いて彼等が安住し得べき経済的素地を施すより外ない」とし、「彼等の生活の不潔、不衛生、乱雑、群衆性に基く団体的の暴行、騒擾、所有観念の欠乏、群居生活による喧噪と破倫的行為、粗暴怠惰なる性情、これ等は何れも内地人をして朝鮮人労働者を嫌悪排斥せしむる点であつて、朝鮮人自らもこれ等の欠点を矯正する努力を持つべき」であるが、「現実政策として同化を性急に求める時は却つて反抗を招き失敗に終るものである」として、性急な同化政策を排し同情と理解をもち、彼らの民族的個性を尊重するべきであるとするのである[22]。少なくともこの段階では、「内地同化」は性急に求めるべきではなく、朝鮮での解決を求めていることが明瞭である。

　ともあれ年表に示すように、大阪府では1934年1月に内鮮融和事業調査会が作られ、そこで「朝鮮人問題」の対策が検討されることになり、同年6月から8月にかけて開催された6分科会で審議がなされる。そこでは、第1分科会において「朝鮮人移住問題ニ関スル事項」が審議され、「本問題ノ解決ヲ図ル為ニハ朝鮮ニ於テ根本的対策ヲ講ズベキ」とされたのである[23]。まず何よりも、朝鮮においていかに朝鮮人を内地に来させないようにするかということだったのである。

一方「内地化」に関しては、第五分科会で「在阪朝鮮人ノ内地化生活改善等教化方法ニ関スル事項」が審議され、「在阪朝鮮人ハ其ノ大半下層労働者ニシテ中堅指導階級及智識階級ヲ欠クガ為自治的向上ヲナスコトナク他面朝鮮人特有ノ風習性行ヲ持続シ内地人ト相容レザル実情ニアリ」として、朝鮮人に自治的向上心がなく、特有の風習性行を持して内地人と融合しないことが強調されている。そして、1．密住地域に生活改善組合を組織し自治的に向上を図らせること、2．この組合10組合ごとに生活改善指導員を置くこと、3．生活指導員は常駐させ、4．その統制は府社会課が行い、監督は所轄警察署が行うこととされた。「生活改善」は先にみたように、この時期日本内地でも朝鮮でも取り組まれた事項であり、それが大阪の在日朝鮮人にも適用されたことがうかがえる。なお、「内地化」は、山口県の融和施設として1928年に下関に設立された昭和館においても、その設立着手の際に、「彼等の内地化に努め好印象を与へる内鮮今日の関係上極めて緊切」とうたわれているが、ここでもそれをもって直ちに「同化政策」ということにはなるまい。

　政府レベルでは、こうした大阪での取り組みを受ける形で、1934年10月、「朝鮮人移住対策ノ件」が閣議決定される。そこでは、「朝鮮人ヲ鮮内ニ安住セシムルト共ニ人口稠密ナル地方ノ人民ヲ満州ニ移住セシメ且内地渡航ヲ一層減少スルコト緊要ナリ」とされ、まず1．朝鮮内ニ於テ朝鮮人ヲ安住セシムル措置ヲ講ズルコト、2．朝鮮人ヲ満州及北鮮ニ移住セシムル措置ヲ講ズルコト、3．朝鮮人ノ内地渡航ヲ一層減少スルコトをあげ、朝鮮人の内地移住を食い止めようとする。そして移住してきた朝鮮人については、4．内地ニ於ケル朝鮮人ノ指導向上及其内地融和ヲ図ルコトをあげている。この4については、さらに(1)朝鮮人保護団体ノ統一強化ヲ図ルト共ニ其ノ指導奨励監督ノ方法ヲ講ズルコト、(2)朝鮮人密集地帯ノ保安衛生其ノ他生活状態ノ改善向上ヲ図ルコト、(3)朝鮮人ヲ指導教化シテ内地ニ同化セシムルコトの3点が掲げられる。保護団体を統一強化し、密集地帯の保安衛生・生活改善を図り、指導教化により内地に同化させることをうたっているのである。

これを要するに、とくに大阪において在日朝鮮人が増加し、犯罪や労働運動も増大し、さまざまな「問題」を惹起し、その結果「内鮮融和ヲ阻害」し、「治安上ニモ憂慮スベキ」事態が生じつつあるという認識から、その対策のため生活指導員を置き、これを府や警察署が統制監督するとされたのである[27]。もっともここでは、朝鮮人の「内地化」は指摘されても、まだ全面的な「内地同化」というものではなかった。それが政府の先にみた1934年10月の閣議決定により、指導教化による「内地ニ同化」と初めて表現され、それによって保安衛生や生活改善といった実体面に止まらない精神的「同化」への引き上げがなされたということができる。

こののち1年後の1935年7月に、大阪府内鮮融和事業調査会では再度第1から第6までの分科会を開催する。それは、前年9月の総会決議以降、わずか10カ月のあいだに在阪朝鮮人が5万6千人から8万6千人と、約3万人増加したことを受け、決議した諸対策の実施状況を検討するとともに、詳細な調査を継続し、対策の具体的実施要項や実施方法を研究討議するというものであった。そこで見られる変化としては、第一、朝鮮人移住問題ニ関スル事項では、従来のものに加えて、新規移住者は内地服（そこでの内地服は和服か洋服かは不明）を用意し得るものとすること、密航者を厳しく取り締まること、関係各府県における在住朝鮮人に対する保護方策を統一指導する方途を講ずること、雇用者はなるべく現住者を雇用し、新規雇用の場合は住居を用意すること、第三、内鮮融和並保護団体ノ指導統制ニ関スル事項では、優良団体として認めるべき標準として法人となすべきこと、標準に準拠しない団体は解散させること、第四、教育施設ノ創設拡充ニ関スル事項では、夜間小学校や簡易学校については具体的にふれず、矯風会以外のものは認めないとし、第五、在阪朝鮮人ノ内地化生活改善等教化方法ニ関スル事項では、密住地区に生活改善組合を組織するとなっていたものが矯風会に変更され、自治的生活改善ではなく警察の取締りによる悪習特性の矯正改化となったこと、第六、保護施設ノ整備拡充ニ関スル事項では、住居に関する具体的方策が示され、

麻薬の取締りや小隣保館の増設などが新たにうたわれた[28]。そして8月の総会で、これらの事項がすべて満場一致で決議され、席上、府会議員の薄恕一による早急実施と予算措置、主務省総督府への助成要望もあって、9月の大阪府の「内訓」や政府による1936年度予算への協和事業費の計上につながっていくとみてよかろう[29]。

　大阪府の「内訓」は、A「内鮮融和ニ関スル大阪府知事内訓」、B「内鮮融和ニ関スル事務取扱心得」、C「内鮮問題協議会規程」の3つからなり、いずれも1935年9月21日に発せられた。とりわけAは、前言で「府下在住朝鮮人ハ近時著シク累増シ而モ概ネ文化ノ程度低ク特異ナル習俗性行ヲ有シ低級ナル密住生活ヲ営ムガ為ニ動モスレバ各般ノ事端ヲ頻生シツヽアリ」とあって、累増する朝鮮人が各般の事端を頻発する原因は、その文化程度の低さと特異な習俗性行、そして低級な密住生活にあるとし、その解決策は、温情や施措峻厳に過ぎてはだめで、特殊な工夫を講じて実情に適応した方途をもってしなければならないとし、具体的に1．行政機構については関係当局者が相協力すること、2．移住制限については漫然移住制限を徹底すること、3．融和団体については標準に準拠した優良団体で連盟を組織させ、他は認めないこと、4．教育奨励については義務教育・幼児教育・不就学児のための簡易学校、成人の再教育等を行い国民精神の涵養と生活容態の内地化を図ること、5．矯風教化については内地同胞と差異のない生活を営ませるため矯風事業を徹底すること、6．保護施設については教化政策を加味しつつ、住宅・労働・金融・衛生・共済及び中毒者保護に関する適切な方途を施すこと、7．警察の取締りについては各般の連絡を密にしつつ特殊な工夫のもとに指導的立場で臨むこととされた。B・Cは内鮮係を関係する課に設置し、内鮮問題協議会で協議して問題を処理し、場合によって内鮮融和事業調査会に諮問することが規定された[30]。

　そして具体的活動機関として位置づけられた「矯風会」が鶴橋・泉尾・今宮に加えて新たに中本・中津・今福の各警察署管内に設置され、精神作興・

生活改善・人事相談・衛生改善・風俗改善・教育奨励などの活動を展開していく[31]。こうして、精神作興を先頭に掲げた「内地同化」体制が徐々に整えられていったのである。こうした精神面でのテコ入れは、生活や衛生の改善といった実体面にとどまらない側面をもつものとして、すでにみたように朝鮮内でも1932年11月の「民心作興施設要項」の提示に現れていたが、さらに1935年1月の宇垣総督による「心田開発」運動の呼びかけ[32]、そして日本内地における同年2月以降の「国体観念の明徴」運動によってよりエスカレートしていったものとみられる。

　翌1936年9月にまとめられた大阪府融和事業調査会による「在住朝鮮人問題ト其ノ対策」によれば、3．内鮮融和対策において、(1)対策確立ノ必要を述べたのち、(2)対策ノ推移として、第3期の内鮮融和事業調査会設置以降に「同化政策ヲ基調トスル融和対策ハ確立セラレ」としている。そして(3)対策ノ要旨においても、先の1935年8月の第3回総会決議の前文を引用しつつ、「一言ニシテ之ヲ要約スレバ同化政策ヲ以テ基調トスルモノ」とされた[33]。つまり、ここに明確に「同化政策ヲ以テ基調トスル」とうたわれたものになったのである。

　他方、1935年末に第68回帝国議会に提案された、内務省所管の「協和事業費」5万円の予算申請のための要求書には、「内地在住ノ朝鮮人ニ対シ之カ生活ノ改善向上ヲ期シ指導誘掖ヲ加フルト共ニ教育教化ノ徹底ヲ図ルハ緊要ノ事項タルヲ以テ之カ施設ニ要スル経費五万円ヲ臨時部第六十款ニ予算セリ」とあって、「協和」という文言が使われていること[34]、「教育教化ノ徹底ヲ図ルハ緊要」とされていることなど[35]、新たな段階に達したことをうかがわせるものであった。

　この国会は、正月休会ののち、1月21日に衆議院解散となったため、けっきょくこの予算案が実行に移されたのは1936年も後半であった。その間に政府は、6月16日に「地方長官会議に於ける指示」、6月25日に「警察部長事務打合会に於ける指示」、7月3日に「学務部長事務打合会に於ける指示」、

7月22日に「道府県社会課長事務打合会に於ける指示」と次々と指示を発していく。とりわけ地方長官会議では、「近時内地在住半島人の激増に伴ひ、諸種の問題漸く繁からんとするは、憂慮に堪えざる所なり。各位は深く其の因つて来る所以を究むると共に、之に善処するの施設を講じ、以つて国民の協調偕和、共存共栄の実を挙ぐるに努められたし」とあって、「協調偕和」＝協和をめざすよう指示している。また、道府県社会課長に対しては、「同化を基調とする生活の改善向上に関し、指導誘掖を加ふると共に、矯風教化の徹底に努むる」こととあって、「同化を基調とする」を明言し、徹底した矯風教化に努めるよう指示している。

　さらに8月31日には、「協和事業実施要旨」の通牒となって、再度「同化を基調とする社会施設の徹底強化を図り、以て国民生活の協調偕和に資し、共存共栄の実を収めんこと」を指示するに至るのである[37]。

　要するに「同化政策」や「内地同化」＝それを名称として「協和」で表したことへの移行は、大阪府の「先進」事例が引き金になり[38]、当初はあくまで増加する朝鮮人が惹起する「問題」への対策であったが、併合以来の「一視同仁」をベースとしつつ、朝鮮総督府における「民心作興」や農村振興運動、心田開発運動、そして日本内地における経済更生運動や国体明徴運動をふまえた政府の閣議決定や予算措置、その実施に先行する各種会議での指示を経つつ、より高次の国家的観念を含んだ内容＝「同化政策」になっていったとまとめることができよう。そしてそれは、衛生や生活改善といった実際生活に関わる事項にとどまらず、朝鮮人の民族性の反省や改造を含むものとして、より包括的な様相を呈しつつ、次のステップへと進んでいくことになるのである[39]。

註
1）　小松裕・金英達・山脇啓造編『「韓国併合」前の在日朝鮮人』（明石書店、1994年）、外村大『在日朝鮮人社会の歴史学的研究―形成・構造・変容―』（緑蔭書房、2004年）、水野直樹・文京洙『在日朝鮮人　歴史と現在』（岩波新書、2015年）、福

序　章　課題と研究史　21

　　井譲「渡航阻止制度から地元諭止制度へ——一九二〇年代後半の渡航管理政策」(『在日朝鮮人史研究』No.45、2015年10月)。外村大の著書については、拙稿「書評」(『アリラン通信』No.33、2004年8月) も参照のこと。
2)　朴慶植『天皇制国家と在日朝鮮人』(社会評論社、1976年)、樋口雄一『協和会戦時下朝鮮人統制組織の研究』(社会評論社、1986年)、その他、協和会全体についての研究史整理は、拙稿「協和会研究の現状と課題」(『在日朝鮮人史研究』No.47、2017年10月予定) を参照。
3)　拙稿「「国際化」と在日アジア人労働者観の歩み」(尾関周二他編『国際化時代に生きる日本人』青木書店、1992年)。
4)　杉原達『越境する民—近代大阪の朝鮮人史研究—』新幹社、1998年。同書については、拙稿「書評」(『社会経済史学』Vol.65、No.5、2000年1月) も参照のこと。
5)　西成田豊『在日朝鮮人の「世界」と「帝国」国家』(東京大学出版会、1997年5月)、市原博「戦時期日本企業の朝鮮人管理の実態」(『土地制度史学』第157号、1997年10月)、宮地英敏「戦時期の日本における朝鮮人労働者についての再検討」(『福岡地方史研究』54号、2016年9月)。
6)　朴春日『増補　近代日本文学における朝鮮像』(未来社、1985年)、216、375頁。
7)　南富鎮『近代日本と朝鮮人像の形成』(勉誠出版、2002年)、44、91、97～102頁。南の分析は、それらの「美徳論」がいかに朝鮮人の「民族性論」に影響を及ぼしたかについて論を進めているところに特徴があり、その具体的あらわれは宇垣総督の「心田開発」に呼応した玄永燮の『朝鮮人の進むべき道』(1938年) であり、朴正熙のセマウル運動であったとする。その中で、当初は宗教的な精神運動であったものが、1936年に心田開発委員会が発足するころから「国体観念を明徴にすること」が第一の目的に掲げられるなど、国家主義的側面が強まっていったとする主張は重要であろう (155頁)。
8)　山中速人「日韓併合時の新聞報道と在日朝鮮人像—東京主要紙の報道と論調—」(『在日朝鮮人史研究』No.4、1979年6月)。
9)　山中速人「朝鮮「同化政策」と社会学的同化—マイノリティー政策の社会学的分析枠組—」上・下 (関西学院大学『社会学部紀要』第45、46号、1982年12月、1983年3月)。
10)　内海愛子・梶村秀樹・鈴木啓介編『朝鮮人差別とことば』(明石書店、1986年)。なおこれに対する池内敏「『鮮人』考」(名古屋歴史科学研究会『歴史の理論と教育』第109号、2001年9月) における批判も参照のこと。
11)　内田じゅん「植民地朝鮮における同化政策と在朝日本人—同民会を事例として」『朝鮮史研究会論文集』No.41、2003年10月。
12)　加藤千香子「一九五〇年代日本における包摂と排除—戦後復興と在日朝鮮人『帰国』事業」(樋口映美ほか編『〈近代規範〉の社会史—都市・身体・国家』彩流社、2013年)、同「戦後日本における公共性とその転回——九七〇年代を起点とする川崎・在日朝鮮人の問いを中心に」(高島修一・名武なつ紀編『都市の公共と非公共

―20世紀の日本と東アジア』日本経済評論社、2013年）。
13)　武田行雄の論稿はいろいろあるが、ここではその最初のものとみられる「内地在住半島人問題と協和事業」（国策研究会編『研究資料』第8号、1938年3月）をあげておく。
14)　樋口雄一「協和会前史」（『海峡』2、1975年7月）。
15)　青野正明「植民地期朝鮮における農村再編成政策の位置づけ―農村振興運動期を中心に―」（『朝鮮学報』第136輯、1990年7月）、稲葉継雄「宇垣総督時代の朝鮮教育」（『九州大学大学院教育学研究紀要』第4号、2002年3月）。
16)　樋口雄一前掲「協和会前史」、塚﨑昌之「一九三四年、『協和時代』の開始と朝鮮人」（『在日朝鮮人史研究』No.38、2008年10月）。
17)　もとより、併合に際しての詔書では「民衆ハ直接朕カ綏撫ノ下ニ立チテ其ノ民福ヲ増進スヘク」とあり、また三・一独立運動後には、「一視同仁、朕ガ臣民トシテ差異アルコトナク」という詔書が発せられるなど、「同化」的方針は折にふれ唱えられたが、実際には「漸進主義」の名のもとに先送りされていたのである（小熊英二『〈日本人〉の境界　沖縄・アイヌ・台湾・朝鮮　植民地支配から復帰運動まで』新曜社、1998年、150〜154頁）。
18)　宇垣一成「昭和八年の春を寿ぐ」（朝鮮総督府『朝鮮』1933年1月）、1頁。
19)　宇垣一成「農山漁村の振興に就て」、「民心作興運動に関する施設」（朝鮮総督府『朝鮮』1932年11月）。そしてこうした朝鮮での取り組みに先行して、日本内地でも農山漁村経済更生運動が展開されたのであり、茨城県の事例によれば、やはり教化的事項として「隣保共助」と「勤倹」を基盤としつつ生活改善がうたわれ、「時間の励行」「冠婚葬祭の節約」「入除隊における祝いの制限」「自製品の奨励」が盛り込まれたという（和田健「農山漁村経済更生運動初年度における生活改善事項と民俗的慣行との関わり―昭和七年度茨城県指定村の事例より―」『茨城県史研究』92、2008年2月）。なお、宇垣一成日記によれば、朝鮮人の満洲移住の必要性として、㈠朝鮮の人口過多を緩和し且内地渡航を抑制するの必要、㈡朝鮮人に前途進展の光明を与えて統治の円滑を図るの必要、㈢満洲に帝国の地歩を確立するの一要件、の3点をあげており、それは「北鮮開拓」も共通していたと考えられる（1932年8月26日、1933年6月15日『宇垣一成日記』第2巻、1970年、862、904頁）。なおやはり同じころ建国間もない満洲国に協和会が創設され（1932年7月に「協和会創立宣言」）、建国精神に基づき、精鋭分子を会員とし地域別に分会を設け、満洲国の精神工作・協和工作・厚生工作・宣徳達情工作・組織工作・興亜工作を実践する国民的大衆組織と位置づけられた（呂作新『協和会の概貌』1939年7月）。また1936年から37年にかけての治外法権撤廃後は、それまで「自治団体」としての役割を果たしていた朝鮮人民会は解散となり、協和会分会へ再編される（申奎燮『帝国日本の民族政策と在満朝鮮人』東京都立大学博士学位論文、2002年）。これらの影響についても考察する必要があるが、組織編制などの面で共通性はあっただろうが、「五族協和」をうたうもので「内地同化を基調とする」というものではなかった。

20)「農山漁村振興計画の実施概況」（朝鮮総督府『朝鮮』1934年1月）、73、93頁。朝鮮総督府における内地在住朝鮮人に関する調査や論考は1920年代半ばころより現れ始める。その端緒は関東大震災での虐殺事件であり、これに対しては「日本の朝鮮統治が大困難を来すことになる」として、人心に与える動揺を極力抑えるために腐心したという（琴秉洞「解説」『朝鮮人虐殺に関する植民地朝鮮の反応』緑蔭書房、1996年、2頁）。ついで、大阪に内鮮協和会が作られた際には、とくに教育施設の幾分にても実行されるに至ったならば、「朝鮮人労働者の幸福を増進することは尠少ならざるべく」と「阪神地方に於ける朝鮮人労働者の教育」（朝鮮総督府『調査彙報』第5号、1924年4月、22頁）で述べ、雑誌『朝鮮』でも、内鮮協和会理事長平賀周の「大阪に於ける鮮人保護施設」や、大阪職業輔導会「大阪府在住朝鮮人生活調査」（1924年5月）を掲載する。また、1933年学務局社会課発行の『朝鮮社会事業総覧』によれば、「尚内地に於ける朝鮮人の増加するに従ひ、風俗人情を異にし、又は言語不通の為往々感情の疎隔から紛擾を生じ易いのでありますから、朝鮮人の多数集団地東京、大阪、名古屋、下関等の地に於ては、朝鮮人誘掖保護善導の機関を設け、当該府県及諸団体の援助と本府の援助とに依り、問題を未然に防ぐと共に、内鮮融和に努めて居るのであります」（94頁）と、問題の未然防止と「内鮮融和」を目的に融和施設への援助を行ったとある。要するに円滑な統治、福利増進、そして問題発生の未然防止といった観点が主流を占めたといってよい。そしてそれと並行するように、農村振興運動や心田開発運動が展開されるのであって、その影響が在日朝鮮人への対応策にも及んでいったものとみられる。そうした折から、1934年4月の内務省による有識者会議に総督府関係者も呼ばれ、何らかの影響を同年の閣議決定に与えたものと考えられる。1939年になると、朝鮮総督府大阪出張所の神島新吉による「内地に於ける朝鮮人問題」（『緑旗』1939年8月）によれば、これまで大阪では、出稼ぎ人根性で少数不良分子の跋扈、家賃不払いやモルヒネ中毒者の犯罪など「朝鮮人問題」が多々あったが、「矯風会が各署に設置されてからは、各方面に強力な指導の手が伸びまして、それらの悪風が漸次跡を絶ち、今では所謂問題と云ふ程のものは無くなり」、「半島の人達で、少し自覚のある人は、みな皇国臣民として純化したい気持ちで一杯だ」、「朝鮮と内地は一日も早く、完全に一体にならねばならぬ」というように、「内鮮一体」政策の完遂を高唱するようになる。また、同年12月に協調会によって開催された「半島労務者問題座談会」における朝鮮総督府佐々木嘉一の発言によれば、「朝鮮としては大体責任を持つて出して居るのであります。出る際に内地渡航の心得は警察署員からくどい様に云つて聞かせて居ります。彼等に認識さして居る事は、只今朝鮮では内鮮一体といふ事が総督の最高方針で、精神方面から、彼等も陛下の赤子として内地人に同化せしめるといふ、所謂内鮮一体といふ方針で指導されて居るのであります」とあり、内地人への同化を教化していたことがわかる（協調会産業福利部『産業福利』第15巻第3号、1940年3月、100〜101頁）。

21) 塚﨑昌之前掲稿。出典は「在阪朝鮮人を内地化に教育」（『大阪毎日新聞』1933

年11月2日付)。そしてこれらの移行の背景として塚﨑は、朝鮮人の急増によって保護救済事業が壁にぶつかったこと、恐慌下で多くの朝鮮人が失業し「不穏」な行動への対策が必要になったこと、満洲事変以降の戦時(ママ)体制下で朝鮮人の管理がいっそう重要な課題となってきたことなどをあげている。一般的指摘としてはこれでよいのだろうが、先に示したこの間の経済更生運動や農村振興運動などの推移と関連づけつつ、より細かくプロセスをたどっていくことが必要であろう。

22) 朴慶植編『在日朝鮮人関係資料集成』第5巻(三一書房、1976年)所収、780～816頁。
23) 許光茂「戦前日本における朝鮮人対策の転換と朝鮮人保護政策の形骸化—協和事業における朝鮮人保護救済問題を中心に—」(『在日朝鮮人史研究』No.30、2000年10月)。
24) 「大阪府内鮮融和事業調査会第一回決議事項」昭和九年九月十九日決議(樋口雄一編『協和会関係資料集』Ⅳ、緑蔭書房、1991年)、121頁。
25) 拙稿「戦前期山口県における朝鮮人の定住化と下関昭和館」(廣島史學研究會『史學研究』第256号、2007年6月)、及び本書第5章を参照のこと。
26) 「朝鮮人移住対策ノ件(昭和九年十月三十日閣議決定)」(朴慶植編『在日朝鮮人関係資料集成』第3巻、三一書房、1976年)、12頁。
27) 大阪府会では、1934年12月に開催された通常府会で、「内鮮融和問題に関する意見書」が出されている。そこでは、根本的対策の樹立とそのための施設の拡充が要望され、その理由として、在住朝鮮人の大多数は「失業住宅問題等の為めに生活困窮を訴ふるのみならず、生活容態の差異に依り種々紛擾を醸し彼此永久の偕和を阻害する」という点をあげている。以後大阪府では、矯風会や隣保館の増設のための予算を毎年上乗せして計上していく(『大阪府会史』第四編上巻、1957年、477、631頁)。また翌1935年12月の府会警察部審査委員会では、委員の西野政右衛門によって、内鮮融和問題は住宅問題の解決が一番という発言ののち、「渡航免状」の緩和策の要望が出されている(『昭和十年大阪府会速記録』244～247頁)。
28) 「大阪府内鮮融和事業調査会第一回、第二回決議事項」(樋口雄一編『協和会関係資料集』Ⅳ、緑蔭書房、1991年)、121～130頁。第二についてはほぼ同一であった。
29) 内務省警保局編『社会運動の状況』(7、昭和十年)、(三一書房、1972年)、1563頁。
30) 同上、1566～1568頁。
31) 樋口雄一「大阪における矯風会活動—在日朝鮮人抑圧活動の原形」(『海峡』7、1978年3月)、6～7頁。
32) 「心田開発」の内容は、「民衆に深く根ざしたる衰頽せる精神は、その根本から開発せざる限り容易に所期の目的を達し得ざることを痛感」し、というところに根ざし、1935年初頭より、農村振興十カ年計画と心田開発就中宗教復興に因る心地開発の二大方針の一つとして掲げられたものであった(「本府の心田開発運動」『朝鮮』1935年2月、103頁)。なお雑誌『朝鮮』は、1936年3月号を「心田開発特集号」と

し、緑旗聯盟理事長・津田榮の「心田開発の根本的用意」という論考などを掲載している。他方で緑旗聯盟では、この運動の「最も良き教科書」として、森田芳夫著『概観仏教史』（緑旗聯盟発行）を宣伝しており（『緑旗』第1巻第3号、1936年3月）、さらに同誌には、前述の朝鮮総督府大阪出張所・神島新吉の「内地に於ける朝鮮人問題」という論考を掲載している（『緑旗聯盟』第4巻8号、1939年8月）。「心田開発」の内容と役割に関しては、南富鎭『皇国臣民としての朝鮮民族性』『近代日本と朝鮮人像の形成』（勉誠出版、2002年、第6章所収）も参照のこと。

33) 大阪府内鮮融和事業調査会「在住朝鮮人問題ト其ノ対策（1936年9月）」（滋賀県立大学図書情報センター朴慶植文庫所蔵）。同文書には、1．在住朝鮮人ノ現況に続き、2．在住朝鮮人問題ノ意義として、一般行政上ノ意義、社会行政上ノ意義、文化生活上ノ意義、産業労働政策上ノ意義、戦時労働資源上ノ意義、非常災害並時局対策上ノ意義の6点が掲げられている。とくに最初の一般行政上ノ意義には、「朝鮮民族ノ福利増進ヲ図リ日鮮両民族ノ共存共栄ニヨリテ帝国ノ国運ヲ進展シ以テ東洋平和ノ確立ニ資スル」とあって、宇垣総督の掲げる農村振興運動や心田開発運動の理念が踏襲されているのをみることができる。

34) 「昭和十一年度内務省所管予定経費要求書」（『公文雑纂・昭和十一年第六十巻未決予算案』国立公文書館所蔵）、及び衆議院事務局『第六十八回帝国議会衆議院報告』（1936年2月）。

35) これについて、山口県社会課主事の木村堯は1936年1月発行の雑誌で、36年度から補助金5万円が出ることを紹介しつつ、「協和事業とは実に変な名前で、恐らく窮した上のことであろうが、五年、八年と経てばそれも耳に馴れて変でもあるまい」と述べている（木村生「社会事業放語」『山口県社会時報』第135号、1936年1月、40頁）。

36) 武田行雄前掲稿「内地在住半島人問題と協和事業」、31頁。

37) 同上、29頁。

38) 宗田千絵によれば、神奈川県内鮮協会では1935年より事業方針を転換し、「内地同化を基調とする矯風、教化、生活改善を指導」し、大阪府と同様に中央協和会設立とその政策決定に少なからぬ影響をもっていたのではないかとしている（宗田千絵「神奈川県における協和事業と在日朝鮮人生活史」（その二）、『海峡』16、1992年12月、84頁）。原典は「財団法人神奈川県協和会の沿革」（神奈川県協和会『神奈川県協和会要覧』1939年9月、樋口雄一編『協和会関係資料集』Ⅲ、緑蔭書房、1991年、283頁）であって、事業方針の転換が1935年のいつからかは不明であり、出典は1939年の作成文書でもあり、果たして政府の政策に先行していたかどうかは不明である。

39) 本書で「内地同化」という場合、在日朝鮮人に強いられた固有のものとして、それ以前の「内鮮融和」とは異なり、また朝鮮半島の朝鮮人にも適用される「内鮮一体」や「皇国臣民化」とも区別されるものとして使用している。

第1章

朝鮮人の来住と政策・呼称の推移

【扉の写真】
下関駅における朝鮮人指導風景（山口県社会事業協会昭和館『昭和館事業要覧』1931年、1932年、斎藤實記念館所蔵）

第1章　朝鮮人の来住と政策・呼称の推移　29

　本章では、併合前、併合直後、1920～30年代前半、30年代後半以降に時期区分し、その間に展開された朝鮮人の内地渡航とそれに対する政策、彼らに対する日本人側の呼称の推移について、山口県と福岡県を中心にしながら事実関係をたどっていくことにする。

1．併合前後の在日朝鮮人

(1)　併合前の来住朝鮮人

　福岡県も山口県も、その地理的関係から、古くより朝鮮人漁民が漂着し、関係者がその対応に従事したことは、つとに知られているところである[1]。
　しかし最初の朝鮮人労働者の集団移入は、東定宣昌の研究によれば、佐賀県長者炭坑の坑夫57人で、1897年8月のことであった[2]。福岡県筑豊に関しては、これに刺激を受けた古河下山田炭坑が1898年1月に最初に朝鮮人29人を導入したという[3]。
　山口県では、以下の新聞記事から1908年8月が最初の朝鮮人集団雇用であったとされている。そこでは、

　　●採炭部の韓人雇入　美祢郡大嶺村海軍採炭部鉱業受負人内田鼎は今回京城林學三外十三名の韓人を傭ひ字桃の木鉱業事務所前土地埋立工事に使役せしめつゝあり[4]

とあって、京城から13人の朝鮮人が、無煙炭を産する海軍大嶺炭坑で埋立工事に従事したことがわかる。
　もっとも下関では、これより前、表1－1に示すように、関釜連絡船の就航後、次々と朝鮮人が上陸し、各地の就労場所へ向っていった。それらは、もっぱら鉄道工事現場の土木作業に従事したのであって、多くの場合、難工事といわれる箇所での就労であった。

表1−1　下関上陸朝鮮人労働者一覧

年月日	到着時間	出身	人数	就労地	業務
1907. 6. 7	午前8時	釜山	9	筑前枝光製鉄所	工夫
6.11	朝	—	43	坂鶴鉄道	工夫
6.20	朝	草梁	34	九州鉄道遠賀川	鉄道工事
6.22	朝	釜山	42	九州鉄道遠賀川	鉄道工事
10.28	—	—	32	熊本県八代（金有賢他）	鉄道工夫
12. 8	—	京城	32	鹿児島	鉄道工事
1908. 2.20	朝	—	22	日向	鉄道工事
3. 8	—	—	15	岡山県美方郡久谷木	鉄道工事
3. 9	朝	京城	16	岡山県美方郡久谷木	第17工区工事
3.21	夜	—	66	山陰鉄道西線	—
3.28	—	—	84	同上（中山多吉引率）	—
5. 6	午後10時	釜山	6	岡山県児島	鉄道工事
5.17	朝	—	54	熊本県八代	鉄道工事
5.19	—	京城	27	山陰道（木村彦次引率）	鉄道工事

出典：『防長新聞』1907、1908年各月日付、より。合計482人にのぼった。

　また防長新聞の記事によると、1902年時点で15戸、男15人、女2人の山口県在住朝鮮人を確認でき、その職業は、漁業6人、染織業5人で労働雑役は1人となっている。さらに山口県統計書によれば、県内在住朝鮮人は1908年に41人、09年に50人へと増加している（いずれも女は1人）。日本帝国統計年鑑には、1908年に山口県で130人の職業別外国人を確認でき、そのうち漁業は13人で、これはすべて朝鮮人であったと推定される。またその他の43人には朝鮮人労働者が多く含まれていたと考えられる。

(2)　併合直後の在日朝鮮人
①資料の性格と全体的な動向
　ここでは、外務省外交史料館所蔵の「警視庁ノ調査ニ係ル清国人朝鮮人及革命党関係者調」（明治四十五年一月二十三日接受）という資料を利用し、併合直後における山口県在住朝鮮人の状況を検討してみよう。

この資料は、中国の辛亥革命にともない、日本に在住する清国人・朝鮮人の動静を調査する目的で作成されたものとみられ、全国41道府県の報告からなっている（東京府・大阪府・兵庫県・神奈川県・福岡県・沖縄県は未報告、4県は朝鮮人の在留者なし）。そこでは、在住道府県別に、清国人・朝鮮人ごとにそれぞれの出身地、現住所、職業、氏名、年齢、居住形態が記載され、大阪府など在留者数上位府県の報告はないものの、初期の在日朝鮮人の動向を知るうえで、たいへん貴重な資料であるといえる。

全体的には、37道府県に在住する1,403人の朝鮮人のデータである。ちなみに内務省警保局の調査による1911年末の数値は2,527人で、そこから東京・福岡・大阪・兵庫・神奈川の上位府県分を差し引けば1,386人となり、それよりは若干補足率が高いといえる。

この資料における上位府県は、長崎206人、京都・山口176人、栃木100人、滋賀89人、鹿児島58人、新潟57人、熊本55人、佐賀50人といったところであった。年齢別構成では、2歳から56歳で、平均すると24.1歳、20歳から24歳の若い層がもっとも多かった。

彼らの出身道は、慶尚南道552人、慶尚北道279人、全羅南道165人（うち済州島50人）、京畿道157人が上位であり、全羅南・北道の全体に占める割合は、内務省調査の数値が29％であるのに対して、本資料では15.5％であって、この段階ではまだこの両道は多くなかったということがわかる。のちに府となる都市や郡別では、釜山174人、京城112人、大邱93人、東莱52人が上位であり、開市・開港場及びその周辺地域からのものが多かった。

名簿に掲げられた職種をすべて拾いあげると152種となり、このうち労働者と判断される「労働者」「職工」「仲仕」「土方・土工」「店員」そして「〜雇人」などを数えると1,000人となり、労働者率は77.7％となる。これに実際は労働者的性格であったと判断される、「農業」「漁業」「船員」「運送業」を加えると91.7％となる。152種の職種のうち、上位職種は、土方・土工494人、鉱山労働者162人、学生生徒100人、分類不能労働者65人、農業60人、船員56

人、漁業56人、飴等行商52人といったところであった。

②山口県の動向

　先の外務省外交史料館所蔵の「警視庁ノ調査ニ係ル清国人朝鮮人及革命党関係者調」によれば、山口県では176人の在日朝鮮人を確認できる。[11]

　まず出身道の特徴は、慶尚南道が83人で全体的傾向と同様にもっとも多くなっている。これに全羅南道、慶尚北道、京畿道が続いた。のちに府となる都市や郡別では、釜山32人、済州島15人、大邱13人、京城11人とほぼ全体的傾向と同様である。

　この間の渡日動機を、防長新聞に掲載された事件の記事からみてみると、1909年の「苦学生」の事例では、朝鮮における「日本人の勢力増大して日本語に通ずるものは重く用ゐらるゝを見て」[12]とある。また、1912年に窃盗容疑で捕まった者の場合は、「日本に渡れば濡れ手に粟の摑み取りの甘い金儲けがあると思ひて態々遣つて来たものゝ、風説のみにて其実適当な仕事も無いので遂に土方の群れに身を陥し居る中、仕馴れぬ労働に尻を割つて諸方を徘徊する中（後略）」[13]とある。ここではともに、窮迫の中からというより上昇志向の強い者が渡日したという傾向をうかがうことができる。

　山口県内の在留郡・市別では、下関市55人、阿武郡45人、豊浦郡31人、吉敷郡12人、熊毛郡11人となって、朝鮮に近い地域に多いことがうかがえる。また町村レベルでは、阿武郡内の山田村24人、椿郷東分村15人、三見村5人、豊浦郡内の彦島村21人が多く、それ以外では、熊毛郡室積町の9人、都濃郡徳山町の6人がきわだっている。そしてそれらは後にみるように、それぞれ共通の職種となっている。年齢別構成は、11歳から56歳、平均すると22.5歳で、20歳から24歳がもっとも多かった。

　職業構成は、土方52人、漁業38人、商家などの下男奉公14人、農業11人、各種行商が19人となっている。漁業・農業を被傭人とみれば、労働者率は90.3％となって全国水準並であるが、なかでも漁業が多いこと、そのほかに各種行商の多いことが特徴といえよう。

在留地別の職種は、下関の場合は土方28人、下男奉公12人が上位で、行商関係も9人を数える。熊毛郡の場合は農業が7人、都濃郡は人夫が6人、吉敷郡は船乗5人、学生4人、阿武郡では漁業34人、運送業が6人、豊浦郡は土方が18人という集中度を示す。それぞれの地域の産業的特徴と労働力需要の状況を反映しているといえる。そして慶尚南道→漁業→阿武郡という関連性も一定ていどみられるのである。さらに下関では、居住先として「柳徳書方」が23人みられる（そのうち土方が21人）。柳自身は飴の行商をしており、下関に定住して以降、朝鮮人宿もあわせて経営するようになったことを示していよう。

山口県の上位職種である、土方、漁業、商家奉公に関してみてみよう。まず土方に関しては、52人のうち45人、全体の86.5％が下関市とその近接の彦島村に在留していた。この時期関門海峡は、内務省直轄の浚渫・除礁などの改良工事がなされ[14]、また「ドライドック」の建築もなされるなど[15]、工業地帯化の前夜としてインフラ整備の時代であったといってもよかろう。またこのころ、下関に本拠を置く間組が鴨緑江架橋工事に着手し、下関で労働者を募集し、朝鮮へ日本人労働者を送り込んでいた[16]。いわば、日本人労働者と朝鮮人労働者の入れ替えが行われたともいえるのである。

漁業労働者に関しては、阿武郡山田村・椿郷東分村・三見村と熊毛郡室積町に多くみられ[17]、彼らの平均年齢は18歳前後と非常に若い。いずれも日本人漁民が早い時期から朝鮮海域へ出漁していた地域であった。実際、萩鶴江浦の吉村與三郎は1883年ころより済州島に出漁し、潜水器を使って鮑漁を行っていたという[18]。若年の乗組員が不足するようになったこれらの地域では、朝鮮人を連れ帰って乗組員として養成するようになっていたのである[19]。

商家奉公人については、下関が主であって、営業種がわかっているものは荒物商、昆布商、物品問屋、西洋料理、醬油製造、弁当屋、屠畜業である。なかでも屠畜業の吉岡商店には慶尚南道出身の4人の朝鮮人が雇われていた。同店は朝鮮牛肉商としても著名で、そうした関係からも雇用がなされたもの

とみられる[20]。またこの時期には、多くの日本人が商業上での成功をめざして朝鮮へ渡航したのであり[21]、ここでもまたそうした日本人と入れ替わるように朝鮮人の移入がなされたのである。

2．国勢調査に見る在日朝鮮人

(1) 1920年

表1－2によれば、1920年の第1回国勢調査時点における在日朝鮮人数は、全国で4万人余り、人口比にすれば0.1％というものであった。道府県別では、福岡、大阪、兵庫、北海道、長崎という、炭坑、大都市をかかえるところが上位であった。山口県は東京についで第7位で、2,051人にのぼり、人口比からすると0.2％で全国平均を上回っていた。このとき山口県全体では、「殖民地人」のうち99.5％が朝鮮人であったことから、ほぼこの数値を在住朝鮮人数とみてよいであろう。

山口県内の郡市町村別「殖民地人」も判明し、県内最大の都市で、かつ朝鮮からの玄関口であった下関市が563人と最多で、豊浦郡444人、都濃郡403人を上回っていた。人口比は0.8％で未だ1％に満たなかったが、全国的にみると非常に高い比率であった。当時の下関市は、関釜航路の開設はいうに

表1－2　1920年の在日朝鮮人（単位：人、カッコ内は全人口比で％）

地域別	総人口	在日朝鮮人数	内男性	内女性	男100に対し女
全国	55,884,992	40,755　(0.1)	36,043	4,712	13.0
福岡県	2,188,249	7,833　(0.4)	7,161	672	9.4
山口県	1,041,013	2,051　(0.2)	1,873	178	9.5
下関市	72,300	563　(0.8)	521	42	8.1
宇部村	38,063	83　(0.2)	n.d.	n.d.	－

①出典：日本全体は、内閣統計局『大正九年国勢調査報告　全国の部』第一巻、1928年、100頁、山口県・福岡県は、同上『府県の部』第三十四巻、第三十九巻、1928年、より。
②下関市・宇部村の朝鮮人数は「殖民地人」の数値を掲げた。(n.d.はデータなし)

及ばず、隣接の彦島地区を中心にあいついで中央資本の工場が進出し、市街地も北側に拡大していく発展ぶりであった。朝鮮から渡航して来た人びとは、そうした周辺部に住み着くようになっていく。もっとも男女比でみると、女性の比率は全国平均よりは低く、定住化はまだそれほど進んでいなかったことがうかがえる。年齢別では、20歳から24歳がもっとも多く全体の30％を占める。15歳から39歳までの男子が全体の81％を占め、いわゆる青年男子による単身出稼ぎ的構成になっていたのである。

1920年国勢調査では、「職業別人口」が示されているが、実際は「産業別人口」であって、山口県在住朝鮮人の「国籍・民籍及『職業』（41中分類）別人口」によると、本業者の上位は、運輸業650人、土木建築業332人、其他の有業者214人、漁業・製塩業108人、採鉱・冶金業105人という順序になっている。こうした構成は「従属者等」を含めた人口構成、すなわち「山口県在住合計」においても同様の傾向である。なお、当時の全国の在日朝鮮人の人口構

表1－3　山口県在住朝鮮人職業別人員表
（1922年3月20日現在）

職種	人数	職種	人数
官吏	1	僧侶	2
学生	26	僕婢	123
土方稼	810	宿屋業	1
人夫稼	83	貸座敷	1
船乗（水夫）	227	塩田稼	5
日傭稼	490	自転車修繕	1
農業手伝	23	印刷職工	6
石工職	17	荷馬車輓	3
料理人	3	炭坑事務員	1
土木請負業	1	製函職工	16
自動車車掌	1	洗濯職工	6
人参行商	2	硝子職工	67
飴行商	3	製麵職工	4
芸妓（酌婦）	15	折箱製造	1
漁業	40	製靴職工	1
理髪業	2	蒲鉾製造	2
停車場売子	8	菓子製造職工	1
仲仕稼	220	製粉職工	2
人力車夫	4	煉瓦職工	1
文房具商	1	瓦製造職工	1
坑（鉱）夫	77	無職	243
獣肉行商	1	合計	2,543

①出典：「在住朝鮮人状況調」（『知事交迭事務引継書』1921年12月～、山口県文書館所蔵）10～11頁、より。
②「官吏」は下関警察署巡査。「無職」は有職者の家族を示す。

成と対比するなら、全国では土木建築、採鉱・冶金、繊維が上位を占めており、山口県の場合は運輸が突出している一方、繊維は少ない。さらに、山口県内における日本人の人口構成と対比すると、日本人は農耕・畜産・蚕業が多数（49.0％）であるのに対して、朝鮮人はごく少数である。また、製造業、物品販売業も日本人に比すれば少ない。さらに官公吏、教育、医務、其他の自由業はほとんど皆無という状態である。逆に土木建築業の場合は、日本人が約3％であるのに対して、朝鮮人の場合は18％という高い比率となっている。

これらの産業別人口を、職業別に置き換えてとらえるならば、最多の運輸業は、表1－3の1922年の調査から推測すれば、船乗（水夫）、仲仕稼、そして日傭稼の一部が該当し、土木建築業は土方稼、人夫稼、日傭稼が該当するであろう。また、物品販売業、旅宿等の中には営業主であるものも含まれていたと考えられ、飴の行商や朝鮮人相手の下宿・飲食店など、いわばエスニック・ビジネスも登場し始めていたのである。

(2) 1930年

表1－4に示すように、1930年国勢調査による在日朝鮮人数は、20年に比して約10倍の42万人となり、人口比でも0.7％と、1％に接近する増加ぶり

表1－4　1930年の在日朝鮮人（単位：人、カッコ内は％）

地域別	総人口	在日朝鮮人数	内男性	内女性	男100に対し女
全国	63,972,025	419,009 (0.7)	297,501	121,508	40.8
福岡県	2,527,119	34,639 (1.4)	24,317	10,322	42.4
山口県	1,135,637	15,968 (1.4)	11,062	4,906	44.4
下関市	98,543	4,017 (4.1)	2,628	1,389	52.9
宇部市	61,172	2,563 (4.2)	1,674	889	53.1

①出典：日本全体は、内閣統計局『昭和五年国勢調査報告　第一巻　人口等』、1935年、135頁、福岡県・山口県は、同上『第四巻　府県編』福岡県・山口県、1934年、より。
②下関市・宇部市の朝鮮人数は「外地人」数を掲げた（民籍別人数のわかる山口県全体でも台湾人は13人に過ぎず、「外地人」の大部分は朝鮮人であったとみてよい）。

である。その要因としては、1920年代における日本経済の慢性不況と渡航制限にもかかわらずの増大であったことから、朝鮮側のプッシュ要因、すなわち産米増殖政策下での土地改良費等の農民負担の増大という点が強く作用したと考えられる[22]。そして概してこの間の渡日は、就職先が未決定のままの「漫然渡航」が多かったとも言われている。なお、女子の比率は男子100人に対し40人台に増加するが、これには紡績女工など女子労働者の増加も考慮する必要があるであろう。

　道府県別では、大阪、東京、福岡、愛知、京都の順であり、大都市を含む府県への集中度が高まっていく。山口県の順位は兵庫県についで、前段階と同じく第7位で1万6千人近くとなり、人口比でも1.4%となる。県内最大の都市下関市における在住朝鮮人数は、やはり「外地人」として計上された数値であるが（朝鮮人はそのうち99.9%を占めた）、4千人を超し、人口比で4.1%に達している。女子の人数も男子100人に対して50人を超すようになるが、山口県の場合、紡績・製糸などの女子労働者が少なかったことから、その多くは家族であったと推測できる。さらに年齢階級別でも、15歳から39歳までの青年男子は全体の48.9%で20年時点よりも30ポイント以上減少し、逆に10歳未満の子供の数が大幅に増えている。つまりこの10年間に、山口県の朝鮮人の間では、家族の形成が大いに進み、定住化も進んでいったということができよう。

　定住化のいまひとつの指標として、職業構成に変化がみられるかどうか、つまり収入や労働条件の面で「安定的」といい得る職業に就く人数が増えたかどうかについてみてみよう。山口県内朝鮮人の上位に位置する職業別人口は、従属者を除く最多は日傭であり、ついで採炭夫、学生生徒、土工、仲仕荷扱夫運搬夫、作男作女が続く。1920年に対して分類基準が異なるので単純に比較はできないが、日傭・土工といういわゆる土木建築業関連や採炭の労働者が増加していること、船舶港湾関連労働者も相変わらず多数を占めていることがまず指摘できる。さらに作男・作女や農業労働者、炭焼夫など農林

表1-5　1930年の職業大分類別山口県在住朝鮮人人口

職　種	男	女	計
有識的職業（代書人・官吏等）	20	1	21
管理監督技術者事務職員	56	1	57
各種営業主	739	30	769
労働者	7,532	451	7,983
職人的職業	271	5	276
その他の職業者	47	7	54
無職者	2,397	4,411	6,808
計	11,062	4,906	15,968

出典：内閣統計局『昭和五年国勢調査報告　第四巻、府県編』山口県、1934年、64～65頁、より。

業従事者があわせて1千人以上を数え、また学生生徒や従属者が増えていることも、この時期の新たな特徴といえよう。こうした傾向は、全国の在日朝鮮人の場合も同様であるが、やはり製造業従事者の少なさ、とくに繊維関連労働者が山口県在留朝鮮人では少ないということができる。

　なお、山口県全体の人口構成と対比すると、土工・日傭・採炭夫の比率が高いこと、逆に官公吏、教員は相変わらず皆無に近いことが指摘できる。

　1930年国勢調査の山口県における職業別人口を、日本労働協会調査研究部による調整などを参考にしながら[23]、示したのが表1-5である。山口県の在日に関してみるなら、労働者率が50％を超して山口県全体、そして下関市全体の人口構成よりはるかに高い比率を示している。その一方、各種営業主をはじめ、有識的職業、管理監督等、職人的職業のいずれも低位である[24]。労働者の内訳についてみれば、作男を中心とする農林畜産、仲仕荷扱夫運搬夫を中心とする運輸関係労働者、日傭そして採炭夫といった単純労働者が多数を占めていた。1928年4月末現在の下関市在住朝鮮人職業調によると、日雇人夫、仲仕が突出して過半数を占め、彦島町及び安岡町外2カ村では日雇人夫がともに7割を超していた[25]。これらはいずれも全体の人口よりも高い比率を

示しており、当該業種における在日朝鮮人のウェイトの高さを表していると
いえる。

　他方、有識的職業では、代書人・官吏等、医療従事者が存在し、管理監督
技術者事務職員では船長機関長機関士、自動車運転手、書記などに一定の人
数を確認でき、また各種営業主も農耕林産、土木建築、そして露店行商や物
品販売業にあるていどの人数が存在するようになる。さらに労働者中にも各
種職工が、職人中には料理人が認められ、日雇的単純労働者ばかりではなく
なってきていることがうかがえるのである。こうした点に、一定の定住化の
基礎が与えられてきたことを確認することができる。なお、1920年代末の関
釜連絡船貨物積卸仲仕中には、30人の選挙権有資格者（衆議院議員選挙）がい
たという[26]。

　とはいえ、1935年国勢調査の際の在日朝鮮人数は全国レベルでは確認し得
ていないが、内務省調べでは625,678人となって、同年の朝鮮国勢調査にお
ける在朝日本人数619,005人を上回る[27]。在朝日本人の職業は圧倒的に労働者
は少なく、有識的職業や営業主が多かった。つまり、時期的には若干ずれる
が、職業面を通して日本人と朝鮮人の入れ替えが行われ、これ以降はますま
すその傾向が進んでいくことになるのである。

(3)　1940年

　1937年の日中全面戦争以後の戦時体制の構築という点から、1938年4月に
国家総動員法が公布され、それにともなって朝鮮人に対する労務動員が1939
年10月以降実施されることになる。その結果、1939年度には8万5千人が動
員計画され、福岡県、山口県にも新たに朝鮮人が渡航してくるようになる（本
書第3章参照）。1940年に入っても労務動員は継続されるが、1940年10月の国
勢調査の際に、これらの被動員朝鮮人労働者が調査の対象になったかという
点では、いろいろな証言からすると疑わしいか、あるいはまだ少人数であり[28]、
したがってこの国勢調査の数値は、それ以前から在住していた人びとの実態

を示すものとしてとらえてよいように思われる。

　そのうえで表1－6をみると、在日朝鮮人数は全国で124万人に達し、1930年から40年の10年間に3倍に増加し、総人口に対する比率も1.7％へと増加する。大阪、福岡、兵庫、東京、愛知についで第6位の人数となる山口県では、総人口比6.1％で、全国平均よりはるかに高く、宇部市では12.8％、下関市でも9.6％で約10人に1人が朝鮮人という水準に達している。

　女子の人数も男子100人に対し全国で66.8人にまで増大し、山口県・下関市では70人前後に達しており、無職者中の学生生徒・家族は、山口県で1930

表1－6　1940年の在日朝鮮人（単位：人、カッコ内は％）

地域別	総人口	在日朝鮮人数	内男性	内女性	男100に対し女
全国	73,114,308	1,241,315（1.7）	744,296	497,019	66.8
山口県	1,294,242	79,031（6.1）	46,452	32,579	70.1
下関市	196,022	18,899（9.6）	11,154	7,745	69.4
宇部市	100,680	12,892（12.8）	7,718	5,174	67.0

出典：各地総人口及び全国朝鮮人数は、総理府統計局『昭和15年国勢調査報告』第1巻、1961年、241、362頁、山口県及び下関市の朝鮮人数は、内閣統計局『昭和十五年国勢調査統計原表』第二十一表　産業（小分類）、職業（小分類）、年齢ニ依リ分チタル内地在住ノ朝鮮人、より。

表1－7　1940年の職業大分類別山口県在住朝鮮人人口

職業大分類	男	女	計
有識的職業	69	10	79
管理監督技術者事務職員	375	13	388
各種営業主	1,384	79	1,463
労働者	27,087	3,927	31,014
職人的職業	511	57	568
その他の職業者	21	3	24
無職者	17,005	28,490	45,495
計	46,452	32,579	79,031

出典：表1－6に同じ。

年にはそれに対応する人数が6,640人であったが、1940年には45,386人に大幅に増加する。これらのことから、1940年段階でさらにいっそう家族を形成し、定住化が進んだとすることができる。

　1930年時点と比較するため、職業別人数を前掲の表1－5と同様に編成しなおして表示したのが表1－7である。比較をする前に、大分類別割合をみるなら、山口県の朝鮮人は、各種営業主や職人層はその比率を減少させているが、管理監督等においては増加させるにいたっている。こうした山口県の動向は、この間に運輸や工鉱業会社の飛躍をみた下関市においてはいっそう顕著に現れていたことは明らかである。

　以上の内容を表1－7（更に詳細には表1－8を参照）によって具体的に確認するなら、有識的職業では官公吏、牧師僧侶神官、医師等に一定の人数をみることができ、管理監督技術者事務職員では自動車電車運転手等、船長機関長機関士等、簿記出納会計等において、山口県では150人以上、下関市でも100人前後の人数が出現し、大幅な増加をみている。各種営業主では、物品売買業商業者仲買人が山口県で14倍以上の1,402人にのぼり、下関市でも507人を数えている。労働者では、採炭夫等炭鉱労働者、運輸関係労働者仲仕、土工道路線路工夫、農林畜産労働者、各種職工の順にそれぞれ大幅な増加をみている。下関市の場合は運輸関係が最多であって、それに各種職工や土工道路工夫が続くことになる。職人に関しては、大工左官等と料理人が、下関市では料理人がとくに多くなっている。その他では従属者と学生生徒が大部分である。

　もっともこうした動向には限界のあったことも事実であって、有識的職業や管理監督技術者的職業も下関市全体の比率からすれば低位であったことはいうまでもない。また労働者比率についても、山口県・下関市ともに減少していくが、その主要因は「其他」項目、すなわち家族・学生生徒からなる家族の増加にほかならなかった。下関市における従属者・学生生徒を除いた職業小分類上位20位で確認すれば、運輸・土木・海運関係労働者を上位に、物

表1-8　1940年の職業別山口県及び下関市在住朝鮮人数（小分類）

職種	山口県			下関市		
	男	女	計	男	女	計
I 有識的職業	69	10	79	39	8	47
1 官・公吏	8	0	8	7	0	7
2 学校教師	5	4	9	2	4	6
3 牧師・僧侶・神官	14	3	17	8	2	10
4 記者・通訳	9	0	9	4	0	4
5 芸術家	5	0	5	3	0	3
6 医師・その他医療従事者	25	3	28	12	2	14
7 代書人執達吏公証人等自由業	3	0	3	3	0	3
II 管理監督技術者事務職員	375	13	388	223	9	232
8 一般事務職	166	12	178	85	8	93
9 販売簿記書記等事務職	23	1	24	13	1	14
10 電気機械等各種技術者	15	0	15	2	0	2
11 船長機関士運転士同助手	163	0	163	120	0	120
12 有線電信通信士	4	0	4	1	0	1
13 漁労長	4	0	4	2	0	2
III 各種経営主	1,384	79	1,463	515	37	552
14 料理店飲食店経営者	17	6	23	9	5	14
15 旅館下宿業経営者	8	1	9	8	1	9
16 土木建築業経営者	5	0	5	2	0	2
17 その他の経営者	22	1	23	19	1	20
18 物品売買業商業者仲買人	1,332	71	1,403	477	30	507
IV 労働者	27,087	3,927	31,014	6,238	577	6,815
19 農耕園芸作業者	1,330	949	2,279	171	48	219
20 伐木造林作業者	530	49	579	21	0	21
21 炭焼夫	1,546	717	2,263	138	50	188
22 畜産その他の農耕作業者	76	6	82	9	3	12
23 水産作業者	482	8	490	87	1	88
24 製塩作業者	180	49	229	1	0	1
25 炭坑内採鉱夫掘進夫	6,568	131	6,699	33	1	34
26 その他の炭鉱従事夫	754	383	1,137	59	1	60
27 土砂採取夫	263	22	285	66	7	73
28 各種工場職工	1,827	322	2,149	721	82	803
29 自動車運転手	174	0	174	62	0	62

第1章　朝鮮人の来住と政策・呼称の推移　43

30その他の土木建築作業者	4,095	49	4,144	806	3	809
31車掌舵手水夫人力車夫馬方等	1,252	17	1,269	789	9	798
32荷扱夫仲仕倉庫夫運搬夫等	4,057	147	4,204	1,697	22	1,719
33店員売子註文取集金人	676	147	823	332	25	357
34守衛監督小使給仕雑役者	1,263	170	1,433	410	33	443
35火夫油差見習工養成工	451	7	458	334	3	337
36検量工包装係荷造工	64	7	71	19	1	20
37旅館料理店従業員芸娼妓酌婦	66	415	481	51	202	253
38家事使用人	52	139	191	16	39	55
39その他の作業者	1,381	193	1,574	416	47	463
Ⅴ 職人的職業	511	57	568	178	16	194
40大工船大工車大工左官鳶職	133	0	133	46	0	46
41石工石細工職	160	1	161	9	0	9
42料理人コック	157	52	209	92	16	108
43理髪師髪結美容師	21	0	21	13	0	13
44写真師	16	0	16	8	0	8
45その他の職人	24	4	28	10	0	10
Ⅵ46その他の職業者	21	3	24	11	0	11
Ⅶ無職者	17,005	28,490	45,495	3,950	7,098	11,048
47学生生徒	6,312	4,353	10,665	1,454	1,152	2,606
48年金小作料等の収入	13	22	35	5	7	12
49無職業の家族	10,609	24,112	34,721	2,482	5,938	8,420
50在監人	60	0	60	4	0	4
51その他の無職者	11	3	14	5	1	6
総計	46,452	32,579	79,031	11,154	7,745	18,899

出典：内閣統計局『昭和十五年国勢調査統計原表』第二十一表　産業（小分類）、職業（小分類）、年齢ニ依リ分チタル内地在住ノ朝鮮人、より。

品売買業商業者仲買人をあいだにはさんで、小使・店員などが続いている。海運・商業の街としての性格を色濃く反映するものといえよう。同時期の朝鮮銀行下関支店の調査によれば、商業にあっては露天商及び行商人、それも販売其他雑業が大部分であること、労働者中の職工も雑役が中心であること、そのほか仲仕、接客業に分厚い層が存在することが新たに判明する。

　以上のように、より詳細な職業別人口構成の面からみると、管理監督技術

者といっても自動車運転手が、物品売買業といっても屑売其他雑業が、職工とはいっても雑役が主であった。しかしそれらのほかに、船長機関士や簿記出納会計係、一般の物品販売業主、そして各種職工などの層も確実に増加してきているのであって、そうした職業をベースとしつつ、定住化そして家族呼び寄せはよりいっそう進行していったのである。

3. 在日朝鮮人渡航政策と呼称の推移

(1) 併合前
①政策

　朝鮮人の日本への渡航に関して、1876年締結の日朝修好条規の附録第五款においては、「議定シタル朝鮮国各港ニ於テ日本国人民ハ朝鮮国人民ヲ賃雇スルヲ得ヘシ朝鮮国人民其政府ノ許可ヲ得ハ日本国ニ来タルモ妨無シ」とあって、朝鮮政府の許可のもとに日本に渡航することができた。それは朝鮮に進出した日本人の斡旋によるところが多かったと考えられるが、これは徳川幕府が1866年に英米仏露西諸国と取り結んだ「改税約書」第十条とほぼ同一の内容で[29]、これを踏襲したものと思われる。

　この条項は、1882年締結の朝米修好通商条約においては言及されていなかったが、日本政府は「旧慣」通り朝鮮人を受け入れていたものとみられる。その結果が、先に見た佐賀県や福岡県における朝鮮人労働者の受け入れにつながったということである。

　こうした方針は、1899年の「内地雑居」の実施の際にも踏襲されたとみられる。清国人労働者については、その来住を懸念する意見が強く、「地方長官の許可が必要」ということになったが、朝鮮人労働者に関しては「現に各地に雑居するも別に異議の生じたこともなく」（原敬）とあって、継続的に受け入れがなされたのである[30]。

②呼称の推移

 朝鮮人の差別的呼称に関しては、内海愛子の研究がある[31]。そこでは、戦時下の記述はないが、山口県に関してほぼ内海の指摘の通り変遷していったとみてよい。

 朝鮮人あるいは日本内地来住朝鮮人に対する記事は、山口県内の新聞には、日露戦後ころより登場するようになる。その場合の呼称は、大韓帝国という国名から「韓人」あるいは「韓国人」と呼ばれることが多かった。当初は朝鮮内の朝鮮人に対するものが大部分で、「満韓視察談」(1905年7月8日付『馬関毎日新聞』)、「馬山電報」(1906年12月12日付同紙)で「韓人は常に白衣を着し」とか「韓人の暴行」などという表現がみられる。1907年1月1日付同紙には、「朝鮮の御正月」と題して、「韓人」という呼称のもとに、日本人に雇われている「子ンガー」「チョンガー」といった表現をおりまぜつつ、朝鮮の正月(旧暦)の風習を絵入りで紹介し、異文化の実態を伝えようとしている。

 この時期日本に働きに来た朝鮮人については、前掲表1-1に示した通りで、そこでは、やはり「韓人の労働者使役」(『防長新聞』1907年6月9日付)、「韓人労働者上阪」(同紙6月13日付)、「韓国労働者来朝」(同紙6月23日付)、「韓国の労働者又来る」(同紙6月25日付)とあって、韓人ないし韓国労働者の呼称が使われていた。

(2) 併合後
①政策

 「韓国併合」後の在日朝鮮人渡航政策は、まず1918年に「労働者募集取締規則」を出し、朝鮮内での労働者募集を警察の許可制とする[32]。もっともそれ以前から厳しい監視体制が布かれていたことはいうまでもない[33]。

 こののち、三・一独立運動の際に「旅行証明書制度」(19年4月~22年12月)、関東大震災の際に「渡航禁止措置」(23年9月6日~12月19日)が出される。その後1925年10月に釜山水上警察署によるいわゆる5項目のチェックがなさ

れるようになる。それは、1．無許可労働者募集に応じ渡航する者、2．内地に於ける就職不確実な者、3．国語を解せざる者、4．必要なる旅費以外の所持金10円以下の者、5．モルヒネ患者であり、これに該当した場合は渡日を阻止され、郷里に帰らざるを得なかった[34]。さらに1928年7月には、朝鮮総督府通牒により出立地の警察署による渡航証明書が必要となった[35]。全財産を処分して釜山まで行っても、要件がそろわなくて渡日できなくなる悲劇を、出立の段階で防ごうという処置である。

　しかし渡日者たちは、こうした抑止政策をかいくぐって日本内地へ渡っていった。その場合の労働賃金は、日給1円から1円80銭で（平均1円40銭）、当時の朝鮮での日給と比べても必ずしも高給であるとはいえず、失業や窮乏に墜する者も少なくなかった[36]。あいつぐ抑止策や低度の賃金格差にもかかわらず、大量の朝鮮人が渡日していったのは、何よりも土地調査事業により土地を失い、産米増殖政策で借金がかさむといった朝鮮内のプッシュ要因が強く作用した結果ということができよう。

　こうして「密航」という手段で渡日するものも増加していく。頻繁に密航者が上陸する山口県にあっては、1929年の上半期の7つの事例につき、その経緯を一覧表にまとめている（表1-9）。

　これによれば、この1929年時点では、密航といってもあまり深刻にはとらえておらず、朝鮮に帰らせたケースは1例のみで、あとは「目的地に向かわせる」とか、それが不確実な場合は、豊浦郡阿川の鉄道工事（山陰線）を斡旋したり、下関市内の昭和館に収容したりで、処分されることはなかった。このときの密航理由としては、「渡航ヲ阻止セラレタルニ依ル」（2件）か、「渡航阻止セラルルヲ懸念シ」（5件）といった点があげられている。

　これが1932年になると、集団的密航が20回、503人に及び、33年は7月末までに30回、263人に及んだという。さらに密航に準ずべき不正渡来者も、他人の渡航紹介書の買受けまたは借受け、内地私立学校の身分証明書の持参、他人の学生身分証の借受け、内地人に偽装、内地視察団体に参加渡来、虚偽

表1-9　1929年上半期の密航事例

	出発地	渡来地	人数	船舶	目的確否	所持金	措置
1	全南麗水	下関	9	発動船	5名確実 4名不確実	2～6円	目的地に向わせる 昭和館へ
2	釜山	下関	1	朝鮮郵船	不確実	7円	容疑なく目的地に向わせる
3	木浦	豊浦郡黒井村	17	朝鮮郵船	不確実	1～15円	10名帰鮮、7名就職斡旋、他所在不明
4	慶北慶州郡陽北面	豊浦郡角島	40	発動船	14名不確実 26名確実	12～30円	阿川村鉄道工事へ目的地へ向わせる
5	慶北迎日郡	豊浦郡黒井村	28	発動運搬船	13名不確実 15名確実	皆無6、他は30銭～12円	阿川村鉄道工事へ目的地へ向わせる
6	釜山より対馬経由	下関	1	対馬汽船	不確実	皆無	昭和館で職業紹介
7	釜山	下関	2	関釜連絡船	不確実	1円30銭	容疑なく目的地へ向わせる

出典：山口県『長官事務引継』1929年7月、より。

の申述による渡航紹介書の下付、船員へのなりすまし、連絡船等に潜入・便乗などの方法で増加し、1932年中には110人に達し、33年7月末までに149人を数えたという。そして県当局は、「不逞徒輩ノ密航ニヨリ内地ニ潜入スル事ハ想像ニ難カラサル所」であって、また思想上其他容疑の点がないものでも、「其ノ儘放置スルニ於テハ渡航制限ノ趣旨ニ反スルハ勿論密航者ヲ助長セシムル弊ニ陥ル虞アルヲ以テ可及的本籍地ニ帰還セシムルノ方針ヲ採リツツアル」としている。ただし帰る旅費がない場合は、県費、昭和館予算、そして総督府の補助によるほかはないとし、これらの措置に困難を感じつつあるということであった。[37]

②呼称の推移

1910年8月の「韓国併合」以降は、「韓」という表現が使われなくなり、「朝鮮」という表現に変わっていく。そして併合直後においては、「注意すべ

き朝鮮人の上京」(『防長新聞』1910年9月10日付)や「朝鮮の怪婦人の一行上陸」(同紙10月14日付)などと、内容は「怪しげ」としていても、「朝鮮」という表現が使われていた。それが在日朝鮮人に対して「鮮人」という表現になってくるのは、防長新聞にあっては「鮮人泥棒公判」(1912年3月16日付)が最初である。

　この変化を考えるにあたっては、1911年10月11日付同紙の「鮮人教育の方針」という記事が参考になろう。そこでは、同年11月1日に施行される「朝鮮教育令」にふれ、担当した文部官僚の池田のことばをかりて、朝鮮において「内地人同様の進歩せる教育を施す」というのは誤解であって、日本人とは別に、一定の改善を施した「鮮人教育」を行うものであると説明している。「日韓合邦」とはいえ、日本人と朝鮮人との違いがなければならなかったのである。もっともここから、呼称が直ちに「鮮人」に変化したのではなく、徐々に変化していったというべきであろう。

　1919年の三・一独立運動の時期、さらに1923年の関東大震災の時期には、アンドレ・ヘイグが指摘するように、日本人に不安と恐怖を与える存在として「不逞鮮人」が使われる。関東大震災時、内務省警保局と警視庁が出した朝鮮人に関する記事を一切掲載しないようにという9月3日の「警告書」以降も、『馬関毎日新聞』では名古屋発電話などの情報から、「焦土の巷を横行する一部鮮人の群れ」(9月3日付)、「鮮人八王子町を襲ふ　高崎聯隊に出動命令下る　町民武装して警備に当る」、「横浜にも戒厳令布かる、不逞鮮人跋扈の為めか」(9月4日付夕刊)、「不逞鮮人我避難民を襲ふ」、「東京付近に於て鮮人と我軍隊の衝突」(9月4日付)、「不逞鮮人が列車に投弾する」、「不逞鮮人の根拠地八王子付近と判明す」、「不逞鮮人四百名隊伍を組みて所沢飛行隊を襲撃す」(9月5日付)、「鮮人脱獄囚等の兇暴団生麦付近を荒掠す」、「不逞団無電局を襲ふ」(9月6日付)と、ほぼ9月6日までセンセーショナル化した記事が続く。また9月2日朝の警保局長から山口県知事宛の「在住鮮人は不逞の暴動を敢てせんとし現に東京市内に於て放火をなし又は爆弾を投擲

せんとし頻に活動せんとしつゝあるを以て東京府下に戒厳令を施行するに至つた故に貴県に於て内地に渡来せんとする鮮人について此際下関に於て厳重なる看視を加へたし、苟も被疑者たる以上内地上陸を阻止し殊に上海より渡来する下層鮮人に就いて十分なる警戒を加へ機宜の措置をとられたし」という通牒を紹介しつつ（9月4日付）、下関において、「渡来鮮人に対し徹底的警戒をする」（筒井下関陸署長、9月4日付夕刊）、「関門を通過する鮮人に監視」（9月4日付）、「鮮人取締の訓電　徹底的に警戒の筈」、「下関駅頭に眼を光らす」（中山憲兵分隊長、9月5日付）、「桜山を中心として下関にゐる鮮人温順ではあるがその数は一千五百人を超ゆる見込」（9月5日付）とあって、地方レベルにおいても、アンドレがいうように、「『不逞鮮人』をめぐる意識はその言葉と共に集団的記憶に根強く残ってい」くことになるのである。

　「鮮人」の呼称はその後1930年代を通じて使用されていった。たとえば1930年においては、「鮮人労働者一時帰鮮証明書交付に就て」（『防長新聞』7月24日付）や「泥棒鮮人検束」（同紙11月2日付）、「鮮人船員窃盗」（同紙11月10日付）、「宇部市同和会補助金申請」（鮮人融和機関、『馬関毎日新聞』1935年7月2日付）、「左傾鮮人か　偽名して乗船」（怪鮮人、同紙7月13日付）、「鮮人五名送局　宇部署で」（同紙7月18日付）、「在関鮮人東和会発会式」（同紙7月21日付）などである。「内鮮融和」といっても厳然たる差別のもとに置かれていたことがうかがえよう。

(3)　戦時下
①政策
　序章で見たように、この段階の政策は「協和会体制」の構築というものであった。それは、1934年ころより着手され、日中戦争が長期化していく1939年以降本格化していく。当初は激増する朝鮮人に対する扶助・保護的側面を有しつつの「内地への同化」という形でスタートし、1937年の日中戦争以降は時局への対応や朝鮮半島からの労務動員の開始に対応したものであった。

これによって、内地渡航、就労、移動から、生活部面や戦争対応に向けた管理監督体制が整えられ、それを支えるものとしての精神面にまで及ぶ皇民化政策が推し進められていった。その場合、朝鮮人中堅人物の養成によってそれらを遂行させようとしたのである。

　こうした体制が確立される過程で、密航についてはより厳しい対応がなされるようになった。第3章でみるように、1939年に関門日日新聞に取り上げられた密航関係記事は31件に達する。この年の当局による対処の仕方をみると、釜山港での摘発とブローカーの検挙、そして山口県側では密航者の執拗な逮捕・送還を行っていることがわかる。翌40年は16件となって減少し、41年以降は少なくとも新聞記事としてはほとんど取り上げられなくなる（1941年に1件「密航者送還」小倉市、『関門日日新聞』6月22日付、その後は唯一、『関門日報』1943年5月6日付の記事「密航鮮人窃盗」があったが、これは窃盗事件もからんでいた）。それは、1939年以降における労務動員政策の実施のため、動員先以外での雇用防止を徹底化しようとしたこと、そしてその後の徹底した労働力配置政策の実施によるものといえよう。[41]

　協和会体制は、アジア太平洋戦争末期の1944年になると、新たな展開をみせる。名称を「興生会」と変更するとともに、12月22日に「朝鮮及ビ台湾同胞ニ対スル処遇改善ニ関スル件」を閣議決定し、その第二項目に「内地渡航制限ノ緩和」が掲げられ、ここで初めて「自由化」が達成されることになる。[42]もっとも、徹底した動員政策と両地間に就航する船舶の逼迫により、自由渡航は実質的には達成されなかったのである。

②呼称の推移

　日中戦争以降になると、志願兵、労務動員、創氏改名などの政策があいついで実施されていく。その過程で、相変わらず「鮮人」の呼称も続くが、とくに「半島同胞」や「半島人」の呼称が目立ってくる。それは、民族性を無視し、朝鮮を単なる地理的位置化したものとして使われたのであり、民族性を覆い隠し皇国臣民化政策＝同化政策により強く呼応したものということが

第1章　朝鮮人の来住と政策・呼称の推移　51

できる。具体的には、「南洋開拓に半島人鹿島立ち」(『関門日日新聞』1939年1月28日付)、「東大坪半島人部落昨夜約五十戸焼く」(同紙2月19日付)、「東和会員が『皇道日本』観覧」(半島出身者の団体、同紙2月27日付)、「半島婦人の服装改善講習会開く」(同紙3月21日付)、「勤労奉仕班結成　半島人の銃後奉仕隊」(同紙5月28日付)、「内地人と半島人どちらがよく働くか　滝部村で能率調査」(同紙6月21日付)、「半島志願兵初の戦死者」(同紙7月9日付)、「半島人で補う　東見初炭礦の労力」(同紙11月12日付)などがあった。

ところで、1943年ころになると、これらの「半島」という呼称も継続するが、しばしば「朝鮮」という呼称も復活し、「朝鮮同胞に国語講習会」(同紙3月17日付)や「朝鮮壮丁錬成小串署で入所式」(同紙8月10日付)、「朝鮮同胞の徴兵制実施」(同紙8月15日付)などと使われている。これは、終章でも示すが、労務動員後の生産現場での矛盾や徴兵制の実施の過程で、「内地同化」に優先する目的達成が迫られるようになったためと考えられる。もっともなぜだか、「朝鮮（せん）」というように「鮮」にのみふりがながふってあり、不自然な感を免れない。

さらにいずれの場合も、朝鮮在住朝鮮人も内地在住朝鮮人も、ともに同じ表現であり、「在日朝鮮人」などの両者を区別する表現はなされていなかった。それは、いずれ帰るものとして位置づけられ、あるいは明確に人格をもったものとして認めていなかったことの反映ということができよう。

以上に検討してきたところをまとめるならば、朝鮮人の内地渡航は、併合前より九州各地の炭坑や鉄道建設現場などへの就労という形で、起動づけられていった。それは、「旧慣」や「別に異議の生じたることもなし」という当局の見解を反映するものであった。そしてまたその際の呼称も「韓人」で、必ずしも差別感を含むものではなかった。こうして併合後もその数は慶尚南道等南部諸道の出身者を中心に着実に増加していった。しかし、その監視体制は厳しく、三・一独立運動や関東大震災での虐殺、第一次大戦後の労働市

場における内地人労働者との競合などを通して、渡航抑止体制に移行していく。その一方、在住朝鮮人に対する「融和組織」が各地で作られ、扶助・保護体制とともに、懐柔化が進められていく。1930年代半ば以降になると、在日朝鮮人政策は協和会体制に転換され、「内地同化」が推し進められていった。しかしそれは、朝鮮人固有の文化や習慣を否定するものにほかならず、けっきょく労働現場における円滑な就労や徴兵の実施過程において矛盾を呈するようになり、方針転換を余儀なくされることになるのである。

註
1) 池内敏『近世朝鮮人漂着年表（稿）1599〜1872年』1996年。
2) 東定宣昌「明治期、日本における最初の朝鮮人労働者―佐賀県長者炭坑の炭坑夫―」（小松裕・金英達・山脇啓造編『「韓国併合」前の在日朝鮮人』明石書店、1994年）、144頁。
3) 同上、134〜135頁。
4) 『防長新聞』1908年8月30日付。海軍大嶺炭坑は、そこで産出される無煙炭を軍艦の燃料として利用するため、1905年に開設された。
5) 『防長新聞』1902年1月23日付。
6) 『明治四十五年大正元年山口県統計書』第一編（土地人口その他）、1914年、34頁。
7) 『日本帝国第二十八統計年鑑』（東京統計協会出版部、1909年）、99頁。なお、帝国統計年鑑に掲載された「本邦在留外国人」中、「韓」人数が記載されるのは1909年12月31日現在数が最後で、男773人、女17人、合計790人であった（『日本帝国第二十九統計年鑑』1910年12月刊、102頁）。
8) 詳しくは木村健二・小松裕「四一道府県における在留朝鮮人」（同編著『史料と分析「韓国併合」直後の在日朝鮮人・中国人』明石書店、1998年）参照。
9) このうち京都には約50人の土方稼・飴行商がいたが住所が一定しないため（この分は）掲出しなかったとあり、福岡県には朝鮮人・清国人が約400人いたが氏名不明とある。
10) 田村紀之「内務省警保局調査による朝鮮人人口」（Ⅰ）（『経済と経済学』第46号、1981年2月）、60頁。原資料は、検事・新井育三『内地に於ける朝鮮人と其犯罪に就て』（司法省調査課『司法研究』第5輯、報告書集、拾、1927年12月）、8頁。なお福井譲は、内務省警保局によってまとめられた1911年の1〜9月における47道府県別の在留朝鮮人職業別（21項目）人数2,357人を紹介している（100人以上は東京・福岡・長崎・京都・山口・大阪の順）。9月の数値と本資料の数値は4カ月ば

かりの懸隔があるので若干異なるが、本資料で未報告であった部分が解明でき、両者をつきあわせて検討するなら、さらに正確な併合直後の在日朝鮮人の動向をおさえることができよう（福井譲「〈資料紹介〉『明治四十四年中内地在留朝鮮人ニ関スル調』」『在日朝鮮人史研究』No.33、2003年10月）。
11) 以下詳しくは、拙稿「山口県における朝鮮人」前掲『史料と分析「韓国併合」直後の在日朝鮮人・中国人』所収を参照のこと。
12) 『防長新聞』1909年5月28日付。
13) 『防長新聞』1912年8月18日付。
14) 門司市役所編『関門経済史』1952年、110頁。
15) 『防長新聞』1912年2月20日付。
16) 『防長新聞』1909年8月21日付。同紙によれば、8月19日には38人の人夫が渡航していったとある。『間組百年史1889-1945』（1989年）によれば、1909年8月から16カ月間に、1日約900人の諸職工人夫を供給したという（同書、183頁）。その際、日本内地より高収入が期待できたと考えられる。
17) 熊毛郡は牛島で、その職業は農業とあるが、出漁期以外に農業をやっていたものと見られる。
18) 『防長新聞』1909年4月23日付。
19) 阿武郡のこの地域では、漁船乗組員を確保するため、若年者を養子として抱える習慣があり、そうした若年者が徐々に集まらなくなっていたという（清水満宏『萩市郷土博物館調査報告書』1997年1月）。また足立文男「内鮮融和上より見たる萩玉江浦」（『山口県社会時報』第105号、1933年7月）、17頁も参照のこと。
20) 吉岡商店については、拙稿「朝鮮牛が来た道」（『中国四国歴史学地理学協会年報』第8号、2012年3月）、9～10頁を参照のこと。
21) この点については、拙稿「朝鮮植民者の『サクセス・ストーリー』」（『歴史評論』No.625、2002年5月）を参照のこと。
22) 福岡地方職業紹介事務局『管内在住朝鮮人労働事情』（1929年）の調査によれば、渡航理由の56.3％が「生活難」であった（22～23頁）。
23) 日本労働協会調査研究部『国勢調査による職業人口の再構成』（調査研究資料、No.70、1965年）。
24) 「有識的職業」は、夏目漱石『明暗』（1916年）などで使われ始め、長谷川天渓「有識無産階級の活路」（『六合雑誌』1919年11月号）では、「頭脳の働きを以て自分の生活を維持する」人びとで、「最も自覚に富み又批判力を有する中流有識階級」（67頁）といった表し方をしている。学卒者やホワイトカラー層の増加により、こうした職種の設定がなされるようになったのであり、ここでもそうした職種層が朝鮮人社会に登場するようになったかどうかに着目するため用いている。
25) 前掲『管内在住朝鮮人労働事情』47～50頁。
26) 同上、56頁。
27) 内務省警保局の調査結果が国勢調査報告を大きく下回っていたことはよく知ら

れているところであり（田村紀之「在日朝鮮人人口の推計：1910〜1945」『国民経済』No.138、1977年11月、21頁）、それからすれば、もっと早く在日朝鮮人数が在朝日本人数を上回っていたと考えられる。

28) 山口県朝鮮人強制連行真相調査団『続・朝鮮人強制連行調査の記録』1995年。
29) 外務省編『日本外交年表並主要文書』（原書房、1965年）、30、67頁。
30) 日清戦争前後の内地雑居論争については、拙稿「日本の『国際化』と外国人労働者観の歩み」（『国際化時代に生きる日本人』青木書店、1993年）を参照のこと。原敬の著作は『新条約実施準備』1898年。
31) 内海愛子・梶村秀樹・鈴木啓介編『朝鮮人差別とことば』（明石書店、1986年）。なおこれに対する池内敏「『鮮人』考」（名古屋歴史科学研究会『歴史の理論と教育』第109号、2001年9月）も参照のこと。
32) 水野直樹・文京洙『在日朝鮮人　歴史と現在』（岩波新書、2015年）、13〜14頁。
33) 同上、10頁。
34) 内務省警保局編『社会運動の状況』2、昭和五年（三一書房、1971年）、1203頁。
35) 福井譲「渡航阻止制度から地元諭止制度へ——一九二〇年代後半の渡航管理政策」（『在日朝鮮人史研究』No.45、2015年10月）。福井によれば、この変更の際のチェック項目は4項目で、先の25年当時の5項目のうち国語に関する条項が削除されたという。なお、1930年までに「一時帰鮮証明書」が発行され、再渡航朝鮮人に便宜が図られたようであるが、あまり徹底しなかったという（「再渡航鮮人のために帰鮮証明書の徹底を」『馬関毎日新聞』1930年7月25日付）。
36) この時期の興味深い事例分析として、慶尚南道警察部による『内地出稼鮮人労働者状態調査』（1928年1月）がある。
37) 『知事交迭事務引継書』1933年8月。
38) 李昇燁「『顔が変わる』——朝鮮植民地支配と民族識別」（竹沢泰子編『人種の表象と社会的リアリティ』岩波書店、2009年）。
39) アンドレ・ヘイグ「近代メディア・文化における『不逞鮮人』像」（『朝鮮史研究会会報』第184号、2011年8月）。
40) 山田昭次によれば、朝鮮人に関する記事は内務省警保局により9月5日に差止めないし差押えが命じられ、6日ないし9日以降、この種の記事は現れなくなるという（なお解禁は10月20日）（『関東大震災時の朝鮮人虐殺——その国家責任と民衆責任』創史社、2003年、92頁）。また同書には、これらの記事内容が流言であり、それを官憲が流布し、自警団の結成を促したことが指摘されている。
41) 以上は、拙稿「1939年の在日朝鮮人——関門日日新聞にみる下関地域の動向——」（下関市立大学附属地域共創センター『地域共創センター年報』Vol.7、2014年8月）を参照。
42) 岡本真希子「アジア・太平洋戦争末期の在日朝鮮人政策——『大日本帝国』下の『一般処遇改善』をめぐって——」（『在日朝鮮人史研究』No.27、1997年9月）。
43) 樋口雄一「『半島同胞』・『半島人』という言葉」（同『協和会　戦時下朝鮮人統

制組織の研究』社会評論社、1986年所収)によれば、大阪朝日新聞では、1938年2月ころより使用され、1938年10月に開催された「朝鮮同胞呼称並新聞雑誌記事取扱座談会」では、美談的な部分で「半島同胞・半島人」を使うように(朝鮮総督府)とか、「鮮人」の文字は絶対不可(大阪府協和会)などの意見が出たという(231〜239頁)。

第２章

在日朝鮮人古物商の成立と展開

【扉の写真】
日本実業商工名鑑(廃品版)表紙(筆者所蔵)

第2章　在日朝鮮人古物商の成立と展開　59

　在日朝鮮人の経済活動、なかでも営業活動に関しては、これまであまり取り上げられてこなかった。それは、マイノリティで被差別民族という位置づけから、3K的労働者というイメージが先行し、企業活動がイメージされることが少なかったためである。とりわけ第二次世界大戦前の時期における企業活動はほとんど取るに足りないとして看過されてきたのである。
　しかし企業とまではいかなくても、生業的な営業活動は、ここで取り上げる「古物商」に代表される形で広範に存在し、その中から一定規模の企業家も見出し得る状況になっていた。そこで以下では、まず在日朝鮮人が従事した営業種目の大まかな変遷過程をたどりながら、その中の「古物商」に着目し、とくに大阪日本実業商工会編纂による、『昭和拾四年度版　日本実業商工名鑑　廃品版』の分析を通じて、1939年時点の在日朝鮮人営業者の実態とその後の展開について検討していく。それを通して、朝鮮人リーダー層・中堅層としていかに作り上げられていったかということを明らかにする一端としたい。
　同資料は、発刊の趣旨に「廃品回収強調時代ヲ迎ヘテ長期建設ノ段階ニ入リ国民ハ益々経済戦線防備ノ完璧ヲ期スルコトハ最モ緊要ナル」とあって、物資動員の一環として戦時経済樹立に協力する観点から、買出人、寄屋、問屋、再製工場等各業者の利用に資するため編纂したとある。また本書は、「諸般ノ資料及ビ実地調査ニ基キ」輯録した[1]（凡例）とあり、記載事項としては、営業品目、住所、商店名、店主名、支配人名、創業年、資本金、払込金、電話・振替番号、取引銀行、販路・取引先、公職などがあった。ただし会社組織をとらないところが多く、したがって資本金の記載のないケースが多かった。掲載府県は大阪府、兵庫県、京都府、愛知県、奈良県、滋賀県、三重県、和歌山県、岡山県、広島県、鳥取県、島根県、山口県、福岡県（福岡市等を除く）、岐阜県、福井県、石川県、富山県、新潟県、長野県、山梨県、静岡県、神奈川県の順に、主として中部・近畿・中国地方を中心とする23府県が区市郡別に取り上げられている。ここでは在日朝鮮人の出発点として人口比

率も高かった下関市（1940年国勢調査で総人口の9.6％）の「古物商」に焦点をあてて検討する。

　なお、「古物商」という場合、他に「古着商」、「廃物商」、「廃品商」などの名称になる場合もあり、また取扱品目も、紙類・布類から金属類・木竹類に至るまで多様である。ここではこれらを網羅するもっとも広範囲なものとしてとらえていきたい。

1．在日朝鮮人営業者の推移

　在日朝鮮人が戦前・戦後に起業をする場合、どのようなケースが想定できるであろうか。朝鮮人が渡日するようになって以降、時代的にもあるいは段階的にも違いがあることはいうまでもない。しかしそこになにがしかの共通性が見出し得るのではないか。

　そうした観点からみたとき、在日朝鮮人の営業種目に対して「ニッチ（Niche）産業」という言い方をすることがある。しかも近年では、ニッチ市場を目当てにした「有望産業」、「ベンチャー企業」というような言い方もなされたりするようになった。果たして在日朝鮮人の営業種目にニッチという用語を充てることは妥当であろうか。

　そもそもニッチというのは「隙間」や「くぼみ」のことであり、本来はある程度の需要はあってもその規模が小さいため、大企業が参入せず、放置されたままになっているような市場のことを指すのである。そういった本来的な意味からすれば、需要が大きく減退し、日本人はすでにその産業を見限って撤退する者が続出する中で、かろうじて残ったわずかな需要に対応すべく朝鮮人が新たに参入したようなケースが、奈良県桜井市のヒノキ縄（マキハダ）[2]や京都の西陣織[3]などに見出すことができる。もっともそれらは、ベンチャーというような勇ましいものではなく、３Ｋ以外に自由な労働市場が開けていたわけではなかった中で、ようやくありついた日本での生業だったので

ある。

　小規模な市場と結果的には同じことになるが、わずかな口銭で売買をするケースとして、以下で取り上げる「古物商」があげられよう。

　幸徳秋水は「世田ヶ谷の鑑縷市」(1903年) で「荏原郡は世田ヶ谷宿に鑑縷屑物の市あり」と描写しており、もっぱらこの鑑縷（ぼろ、古着）を扱うものを古物商といい、明治期には日本人のあいだで盛んに営まれていた生業であった。そこで扱われた古着は、江戸から明治にかけて庶民層の一般的衣料であった。他方、屑物はボロ切れ・糸屑・紙屑などであり、屑拾いは都市細民の主要な職業として広範に存在した。いずれもわずかな口銭や売上げを目当てとしたもので、したがって小資金で開業できるというものであった。1910年代から20年代に渡日した朝鮮人が、日本人にかわって屑拾いを始めるケースが多かったのも、３Ｋ以外の労働市場に容易に参入できない一方で、小資金で開業できるというところに起因していたのである。

　朝鮮人が労働者として雇用される場合、鉄道・ダム工事などの土木建築業や炭鉱などの鉱山業を除くと、在来産業的なものが比較的多かった。農林業・漁業をはじめとして、商業・サービス業、繊維・食料品産業、雑工業などの労働に従事したのである。そうした場合、利益が少なくても技術的に習熟していたり、問屋からの自立を図ろうとして独立するケースが多くみられた。自前で原料を仕入れたり機械を購入したりして自立化を図ったのである。蒲鉾製造に従事した下関の在日朝鮮人からの聞き取りによれば、当初は先輩格の蒲鉾業者に勤め、そこから独立する過程で、夜間の稼働していないあいだに機械を借りて蒲鉾を製造し資金を貯めたという。その場合の販路は北九州の炭坑であって、そこでは問屋の影響力は必ずしも強くはなかったという[5]。

　もちろん高収益が期待できるものもあったが、それらは３Ｋと呼ばれる労働を伴うことが多く、また後述する屎尿処理のように被差別的な職業として位置づけられていたりするものもあった。さらにリスキーな部門である場合もあり、したがって朝鮮人が参入するうえで競争はあまり激しくなかったと

いえる。もっとも、ある程度の利益が見込めるということは、それだけ資金も必要になってくるのであって、ここにおいて朝鮮人に対する融資機関の整備が要請されるようになるのである。[6]

2．古物商の位置

　1908年に実施された「東京市市勢調査」中には、大分類第3款商業及交通業、中分類第22項物品販売中の、小分類第195目として「廃物商」が3,214人の有業者を数え（41小分類中の19位）、さらに細分類としては「反古紙屑商」が最多で768人、これに「空俵商」468人、「空樽商」419人、「襤褸商」410人と続いていた（表2-1）。また同じく小分類第163目金物類販売中の細分類には「金属古物商」があって、885人の有業者をみている。

　第1章で取り上げた「警視庁ノ調査ニ係ル清国人朝鮮人及革命党関係者調」という資料によれば、大阪・東京など大都市部のデータはないのであるが、1,403人の在日朝鮮人に関する職業別人数が判明する。しかしそこでは、労働者が大部分であり、若干の商業も飲食物の行商が主体であって、「古物商」あるいは「金属古物商」はみられない。[7]したがって先の東京市の市勢調査の段階では、ほぼすべてを日本人が占めていたとみてよかろう。

　1920年の第1回国勢調査では、「職業別」小分類に「古物商」が登場し、東京市では8,281人を数え、1908年の「廃物商」に比して約2.6倍となる。在日朝鮮人は全国で総数4万755人に増加し、そのうち「職業別」中分類で「物品販売業」として確認できたものが全国で1,373人、山口県は2,051人中51人であった。1930年の国勢調査では、在日朝鮮人総数は41万9,009人に激増し、そのうち「物品販売業主」も、労働者中心の総数の増加率には及ばないものの、3,323人に増大する（山口県は1万5,968人中101人）。この年の国勢調査には「産業別」小分類として「古物商」が登場するが、在日朝鮮人については確認することはできない。[8]

第2章　在日朝鮮人古物商の成立と展開　63

表2－1　東京市市勢調査における「廃物商」の構成

職　業	総　数	男	女	有業者	男	女
廃物商	36	21	15	12	12	－
檻褸商	920	473	447	410	318	92
古麻袋商	165	91	74	49	49	－
古綿屑商	28	15	13	11	11	－
糸屑商	38	17	21	11	10	1
反古紙屑商	1,803	985	818	768	674	94
空樽商	1,057	606	451	419	414	5
空箱商	412	235	177	151	148	3
空缶商	208	122	86	86	84	2
空壜商	683	362	321	289	235	54
空俵商	1,243	678	565	468	422	46
古アンペラ商	54	35	19	23	23	－
金属屑物商	162	94	68	64	59	5
硝子屑商	145	74	71	75	41	34
護謨屑商	24	11	13	7	7	－
皮革屑商	77	44	33	33	32	1
毛屑商	29	17	12	9	8	1
鋸鉋屑商	47	21	26	13	12	1
灰殻商	246	138	108	98	90	8
糠商	97	62	35	44	40	4
残飯商	188	106	82	93	74	19
魚腸骨肥料商	77	38	39	24	24	－
糞尿肥料商	87	69	18	57	57	－
計	7,826	4,314	3,512	3,214	2,844	370

出典：東京市役所編纂『明治四十一年施行東京市市勢調査職業別現在人口表』1911年、37頁、より。

　1940年の国勢調査によると、在日朝鮮人数は124万1,315人（日本内地総人口の1.7％）となり、山口県では7万9,031人（同6.1％）で、そのうち「物品売買業商業者仲買人」は1,403人で、1930年の「物品販売業主」「仲買人・周旋人」125人の10倍以上の伸びを示す。その中の「古物商」では経営者が2人、物品売買業商業者仲買人が901人を占めた。つまり物品売買業商業者仲買人

表2-2 下関市における産業別分類による「古物商」の職業別人数（1940年）

職業別	男	女	計
経営者	2	0	2
一般事務者	1	0	1
販売、仕入、事務者	3	0	3
金工ブリキ職	1	0	1
自動車運転手	2	0	2
人力車夫、馬方	2	0	2
荷扱夫、仲仕、倉庫夫、運搬夫、配達夫	1	0	1
物品売買業者、仲買人	**286**	**6**	**292**
店員、売子、註文取、集金人	55	5	60
小使、給仕、雑役者	1	0	1
其ノ他ノ作業者	1	2	3
総数	355	13	368

出典：内閣統計局『昭和十五年国勢調査統計原表』第二十一表　産業（小分類）、職業（小分類）、年齢ニ依リ分チタル内地在住ノ朝鮮人、より。

表2-3 下関市における古物物品売買・仲買商の年齢階級別人数（1940年）

年齢	男	女	計
17-19	2	1	3
20-24	14	0	14
25-29	51	1	52
30-34	59	2	61
35-39	66	1	67
40-44	45	1	46
45-49	20	0	20
50-54	16	0	16
55-59	7	0	7
60以上	6	0	6
計	286	6	292

出典：表2-2に同じ。

のうち約3分の2が古物商であることが確認でき、在日朝鮮人古物商が1930年代を通じて大幅に増加したとみることができるのである。

同じような傾向は下関市についてもうかがうことができる。同市の在住朝鮮人数は1920年563人（総人口の0.8％）、1930年4,017人（4.1％）、1940年1万8,899人（9.6％）と、人口、総人口比ともに著しく増大していく[10]。そのうち1932、33年ころのデータでは、「露天商人及行商人」の項に「屑売その他雑業」という部門がたてられて196人を確認でき[11]、1940年末では302人の在住朝鮮人当該業者を確認で

第2章　在日朝鮮人古物商の成立と展開　65

きる。また先の1940年の国勢調査によれば、「古物商」中の物品売買業商業者仲買人は292人に及んでいた。もっとも同年における「古物商」の職業別内訳を表2－2によってみると、「店員、売子、註文取、集金人」など被雇用者は74人で、4営業者に1人の被雇用者に過ぎず、これらの古物商が広範に被雇用者を抱えていたというわけではなかった。また表2－3は古物商の年令構成であり、20代後半から40代前半に多く、とくに30代後半に多かったことがわかる。

3. 『昭和拾四年度　日本実業商工名鑑　廃品版』の分析

　古物商あるいは廃品商の実態を追求するうえで、大阪日本実業商工会編纂の『昭和拾四年度版　日本実業商工名鑑　廃品版』という資料がたいへん参

表2－4　府県別「古物商」業者数（掲載順）

府県	業者数	内朝鮮人業者	在日順位	府県	業者数	内朝鮮人業者	在日順位
大阪府	1,109	114 (10.3)	①	山口県	105	34 (32.4)	⑥
兵庫県	401	67 (16.7)	③	福岡県	81	11 (13.6)	②
京都府	337	93 (27.6)	⑦	岐阜県	129	1 (0.8)	⑪
愛知県	634	31 (4.9)	⑤	福井県	56	4 (7.1)	⑮
奈良県	41	8 (19.5)	⑲	石川県	16	1 (6.3)	㉙
滋賀県	6	1 (16.7)	㉓	富山県	67	4 (5.9)	㉟
三重県	47	5 (10.6)	⑯	新潟県	89	1 (1.1)	㉝
和歌山県	95	21 (22.1)	⑰	長野県	117	2 (1.7)	㉑
岡山県	41	2 (4.9)	⑭	山梨県	39	6 (15.4)	⑱
広島県	64	14 (21.9)	⑨	静岡県	318	14 (4.4)	⑬
鳥取県	8	0	㊴	神奈川県	300	15 (5.0)	⑩
島根県	10	0	㉔	合計	4,110	449 (10.9)	

①出典：大阪日本実業商工会編纂『昭和拾四年度版　日本実業商工名鑑　廃品版』1939年8月、より。
②（　）内は各府県別朝鮮人業者の占める割合を示す。
③在日順位は1940年国勢調査における在日朝鮮人数の道府県別順位である。

考になる。

　同書に掲載された業者数の府県別人数を示したのが表2－4である。府県によって調査の精粗があって、必ずしも全数を表わしているとはいえないが、大阪府、愛知県、兵庫県、京都府、静岡県、神奈川県の順で、ほぼ人口が多く大都市を含む府県で業者数も多かったことがうかがえる。朝鮮人業者は、店主あるいは営業主が朝鮮名であるか、あるいは明らかに朝鮮人であると判断された場合を数え上げたものであり、大阪府、京都府、兵庫県、山口県、愛知県の順となり、こちらは在住朝鮮人数の順位（それぞれ①、⑦、③、⑥、⑤位）とほぼ対応していた（在日②位の福岡県は福岡市等が調査対象に入っていない）。業者中の朝鮮人比率は山口県をトップに、京都府、和歌山県、広島県、奈良県と続き、必ずしも人口数の順位とは対応しない。都市別に朝鮮人業者数が多出するケースがあり、調査の過程で掌握されやすかったことも考慮すべきであろう。いずれにしろ大阪府、京都府の業者数の多さ、山口県の比率の高さがきわだっていよう。

　このうちまず大阪府のケースをみると、店舗名については114店のうち31店、すなわち27.2％が朝鮮名であった。残りはまったくの日本名か金村（金）のように変形させたものを使用している。創氏改名の際には苗字のみ日本式に変え、名前はそのまま残すケースが多くみられるが、ここでは木下一郎などと全体的に変えるケースがあり、そうした場合は判別不可能となる。もっともそのように朝鮮名を名のらないケースが7割以上あったということは、創氏改名の実施（1939年12月公布、翌40年2月施行）以前の段階で、商売をするうえで差別的待遇を避ける必要のあったことを示していよう。住居区別では、朝鮮人側が西淀川区22店、東淀川区20店というところに多いのに対して、日本人側は西成区146店、浪速区100店、港区96店で、朝鮮人側のそれぞれ11、1、8店を圧倒している。一定のすみ分けができていたともいえる。取扱品目は、朝鮮人側は古鉄銅やウエス（機械類の油を拭き取る布）・ダライ粉（金属の切りくず）などの金属関係品が中心であり、これに屑物一般や製紙原料が

第 2 章　在日朝鮮人古物商の成立と展開　67

続いた。日本人側もほぼ同様の傾向であったが、古着等の衣料品を扱うものが一定ていど存在したのに対し、朝鮮人側は皆無に近い状態であった。これは他の府県でも同様であって、衣類の伝統の違いが起因したものと考えられる。朝鮮人の創業年次については、1937年がもっとも多く43店、ついで38年の26店、36年の16店、35年8店、34年7店、33年5店と続く。もっとも古いものは1918年があったが1930年以前は少なく、4分の3が36、37、38年に集中していた。日本人側は古くから存在しているものが多く、戦時下の重化学工業化に対応して朝鮮人側が参入してきたものといえる。なお、巻頭に大型広告を載せている136店のうち、朝鮮人業者は19店にのぼり、そこでは、問屋や売買という表記があるもの、三和銀行と取引があるもの、自宅は別に構えているもの、寄屋組合の幹事をしているものなどを確認でき、一定の信用力をつけた営業者が登場するようになったことをうかがわせる。[14]

　次にもっとも朝鮮人比率の高い山口県の、それもさらに朝鮮人当該業者の集中度の高い下関市に関してみていこう。『日本実業商工名鑑　廃品版』に載った朝鮮人古物商のリストを表2-5に掲げた。そこでは、廃品商として在日朝鮮人業者が多数名前を連ね（38店中15店が朝鮮人＝39.5％）、その取扱品目は大阪のケースと同様に、古銅鉄・ウエス・製紙原料などであった。満州事変から日中戦争にかけての準戦時・戦時経済の進展のもとで、下関地区や

表2-5　下関市の古物商（廃品業者）一覧（1939年版）

名　称	店　主	住　所	取扱品目業態	創業	取引銀行
金村正一商店	金奎錫	田中町	ＡＢＣＤ	1934	十五
金泰珉商店	金泰珉	西大坪町	ＧＡ	1931	
兪再岩商店	兪再岩	東大坪町	ＡＢ	1935	
李永根商店	李永根	本町	ＨＡ	1931	百十
金山商店	金山珍一	彦島老町	ＡＥＢＣ	1934	
金榮煥商店	金榮煥	西大坪町	ＡＦＢＣ問屋	1938	
金鳳祿商店	金鳳祿	東大坪町	ＡＣ	1937	今浦
金福洙商店	金福洙	長門町	ＡＣ	1931	

木下商店	李學文	彦島後山	ＡＢＣ	1938	
李時雨商店	李時雨	東大坪町	ＡＢＣ	1936	
金八成商店	金八成	西大坪町	ＡＢＣ	1935	
川島義雄商店	**朴春凰**	岬之町	ＡＢＥＩＦＨ	1935	
永昌商店	**金元錫**	観音崎町	ＡＦＢＣ問屋	1936	
金実郷商店	田中正一	長崎町	ＡＣ	1934	百十
呉亮均商店	**呉亮均**	上新地	ＡＢ	1927	
米田商店	米田実男	外浜町	ＡＢＥＣ	1912	住友・百十
村中商店	村中甚松	園田町	ＡＢＣ	1917	百十
浦上政次商店	浦上政次	唐戸町	ＡＢＣ	1937	百十
村中数雄商店	村中数雄	新町	ＡＣ	1932	百十・住友
高田商店	高田竹次郎	彦島西山	ＡＢＣ	1916	信用組合
藤川屑物問屋	藤川清正	本町	ＡＥ	1915	百十
緒方明美商店	緒方明美	神宮司町	ＡＤＢＣ	1937	
木村米吉商店	木村米吉	西大坪	Ｋ問屋	1935	百十
福谷万徳商店	福谷万徳	田中町	ＡＢＣ	1920	百十
徳永商店	徳永アヤノ	吉原町	ＡＢＣ	1931	百十
宇都宮商店	宇都宮道義	豊前田町	Ｆ問屋	1925	百十
宮下具也商店	宮下具也	本町	ＡＢＥ	1918	
三ツ輪商会	山城鶴松	上新地町	Ｃ遠洋漁業	1916	百十
森商店	森源太郎	本町	ＡＢＪＩ	1905	住友・第一・十五・百十
松木明商店	松木　明	東大坪町	ＡＣ	1933	
木村商店	木村国松	彦島江ノ浦町	ＡＣ	1935	
三間商店	三間光次	入江町	ＦＢＡ	1930	百十
清水商店	清水徳松	宮田町	ＡＢＣ	1918	住友
西村利一商店	西村利一	彦島老町	ＡＣ問屋	1909	
宮武榮三郎商店	宮武榮三郎	竹崎町	ＡＢＪ	1918	住友・百十・十五
大岸友吉商店	大岸友吉	岬之町	Ｆ	1910	朝鮮・第一
原大吉商店	原　大吉	彦島老町	ＡＣ	1937	
中川商店	中川正雄	新町	ＡＢＣ	1936	

①出典：表２－４に同じ。
②取扱品目は、古銅鉄地金Ａ、製紙原料Ｂ、屑物一般Ｃ、縄叺Ｄ、ウエスＥ、空缶空壜Ｆ、古麻袋Ｇ、毛織物原料Ｈ、新聞紙Ｉ、ロープＪ、古ゴムＫ、その他Ｌで示した。太字は朝鮮人。

第2章 在日朝鮮人古物商の成立と展開 69

表2-6 民族別創業年代別人数

創業年	日本人	朝鮮人	計
1900年代	2	0	2
1910年代	9	0	9
1920年代	2	1	3
1930年代	10	14	24
計	23	15	38

出典：表2-4に同じ。

表2-7 朝鮮人創業年次

年次	人数
1927	1
1931	3
1934	3
1935	3
1936	2
1937	1
1938	2
計	15

出典：表2-4に同じ。

朝鮮半島で金属・化学工業の展開がみられ、そうした動きに対応したものであったことがうかがえる。

彼らの住所は、東西の大坪町が6店、彦島が2店と、朝鮮人集住地区（中心街のはずれ）に多かった。朝鮮人の商店名は、大阪の場合と異なり、大部分が朝鮮名であった。これは、店舗が朝鮮人集住地区にあって隠すべくもない状況であったことを示していよう。

創業年次は、表2-6、2-7に示すように、日本人は過半数が1930年より前であるが、朝鮮人は1店以外すべて1930年代となっている（創業後日が浅い。ただし30年代前半も多い）。さきの国勢調査データなどと同様の傾向にあったことを裏付けている。

これらの古物商の売買口銭は、取扱品目が重化学工業関連にシフトしたこともあって、布紙類に比して高く、したがって収入も増加していったものとみられる。

取引銀行は、日本人の場合は県内地場銀行ナンバーワンの百十銀行をはじめ、住友・十五銀行等の大手銀行であったが、朝鮮人の場合は百十銀行が2人、十五銀行が1人で（1人の今浦銀行というのは契の類か？）、銀行との取引はきわめて少なかったといえる。取引先も全国が若干いるが記載なしが多い。

朝鮮銀行下関支店員が1942年1月に同行発行の『業務情報』（創刊号）に寄稿した調査報告によると、市内在住朝鮮人を職業別に労働者階級、個人営業者、有識的階級に大別し、個人営業者のうち、同行と手形等取引関係のあるものは明太魚、塩干魚類を取り扱うもので、また現金預金勧誘の可能性のあるものは「半島料理屋飲食店が第一番で、之に次で明太魚商、反物商、理髪業、カマボコ製造業、古物商、屑商等があるが、現今の彼等の心理状況から推して今後相当困難性があるのではないか」としている。ここでも、大銀行との取引はハードルが高かったことがうかがえよう。

　なお、表2－5に記載された朝鮮人営業者15店中、電話のあるものは李永根商店のみであって、あとの5店は呼出、9店は記載無しであった。これを同業種の日本人23店と比較すると、電話のあるもの11店、呼出3店、記載無しが9店で、大きな差のあることが判明する。朝鮮人にとって電話を引くということは高価なことであり、また日本内地に定着しようとする決心が必要だったということができる。

　こうした古物商の営業状況について、やはり1939年に開催された福岡県の座談会での糸島郡古物商組合長の発言をみてみよう（座談会全体の分析は本書第4章を参照のこと）。そこでは、成績の良いものでなければ警察が古物商の鑑札を下付しないということもあるが（実際の権限は古物商組合長に与えられていた）、廃品回収の時勢から「非常に良い成績を挙げて居り」、朝鮮人の中には1万円内外の貯蓄をしている者もいるとする一方、腕章を着けさせて有鑑札か無鑑札かを明確にし、また「度量衡違反」や「掻払い」をやりはしないかなど、監視体制を厳重にし、当初から疑いの姿勢を保持していたことがうかがえる。

4．在日朝鮮人のリーダー層

　こうして下関市では、表2－8に示すように、商工会議所会員に名前を連

表2－8　在日朝鮮人の下関商工会議所会員（1940年）

営業種目	営業形態	開業年次	営業収益税額	住　所	店舗名・営業主	
明太魚・陶器・菓子	小売	1936	21円	東大坪町	崔必南	
明太魚	小売	1938	27	東大坪町	朴永生	
菓子・煙草・酒	小売	1934	19	東大坪町	朴占龍	
製材・製函・菓子鑵製造・空鑵	－	1924	112	西大坪町	吉田商店・李化生	
製函板	製小卸	1937	38	東大坪町	黄製材所・黄明協	
仕舞桶・米入れ・バケツ・ツルベ	－	1934	17	東大坪町	林伝四	
古物商	－	－	22	観音崎町	金実郷	○
古銅・古銑鉄・古綿・製紙原料	問屋	1931	48	長門町	金福洙	○
古物商	－	－	17	長崎町	金俊圭	
古物・古麻袋・空瓶商	－	－	15	西大坪町	金泰珉	○
古物商	－	－	17	東大坪町	李圭南	
古ゴム専門・其他古物一切	－	1935	20	西大坪町	木村米吉商店・姜錫南	○
古鉄屑物	－	1934	15	老町	金享珍事・金山珍一	○
精米機具・農具・電気工事	卸小	－	16	新町	金本商会・金本栄弐	
馬車運搬業	－	－	27	長府町	呉達織	
海運業	－	－	15	江之浦町	朴泰祥	
旅館業	－	－	147	西細江町	榮屋旅館・金山可三	
飲食店・アイスケーキ	－	－	15	竹崎町	張先伊	

①出典：陣内市太郎編『下関商工人名録』（下関商工会議所、1940年）、より。
②原典は、1939年9月1日現在、営業収益税15円以上、商工会議所議員選挙権有権者を基準に収録された。○印は表2－5に記載あり。

ねるものも現出するようになった。つまり会員リスト掲載の延べ人数6,293人中、朝鮮人は18人確認でき、そのうち7人が古物商あるいはそれに類する業種であった。これらの古物商は営業収益税額でみると、15円（最低額）～48円（金福洙）で平均24円となり、これは会員全体では中・下層に位置して

いたといえる。しかし市全体でみると、商工会議所の会員層は中・上層であって、そうした層に朝鮮人商工業者が名前を連ねるようになったのである。商工会議所の会員となることで、一定の信用力を獲得することになったのは疑いないところである。

そしてこの会員18人中、○印を付した5人が先の表2－5に名前を連ねている（ただし木村米吉商店は『名鑑』段階では木村米吉名義となっている）。古物商の中で最多の営業収益税額であった金福洙は下関廃品問屋商業組合の西部副組長であり、また金村正一商店の金奎錫は東部委員であり、そうした役員層にも名前を連ねるようになっていたのである[17]。

ところで、日中戦争から太平洋戦争に入っていく過程で、戦争遂行にあたって政府による金属類、とくに鉄屑、鉄・銅製品の回収が徹底して行われていく。

下関市における金属品回収の動向を示したのが年表2－1である。1941年8月の「金属類回収令」及び9月の「回収物件及施設指定規則」によって、鉄は42品目、銅は46品目を対象とし、一定規模以上の大きさの工場、商店、銀行、保険会社、劇場、映画館、興行場、旅館、料理屋等の施設にある不要不急または代替品が可能なものは強制的に回収し、一般家庭においては門柱、門扉、塀、溝蓋、墓地鉄柵、広告板、泥拭器、傘立、火鉢、本立、帽子掛、スタンド、戸棚、ロッカー、洗面器具、茶器、痰壺、郵便受口、置物、吊下手洗器、屑入、自転車置、焜炉、喫煙用器具、脚立、石炭用バケツ、旧式農器具等などが「可成自発的」に供出を求められた[18]。前者は1942年の4月から6月にかけて実施され、後者は1941年の12月に隣組、町内会、連合会の組織をあげて実施された。

その一方、取引業者及び取引の管理・統制も強められていった。1938年7月には、山口県経済部の慫慂により、商業組合法第一条にのっとった重要物資廃品回収の商業組合が設立される（山口県廃品問屋商業組合）。同組合の事業目的は、1．共同設備、2．販売及買入価格の協定があげられ、先の回収

年表2－1　下関市における金属品回収の動き

年　月　日	政策及び回収実施状況
1941　8.29	勅令「金属類回収令」（国家総動員法第8条の規定に基き）
9. 1	閣令「回収物件及施設指定規則」
1941　10. 1	山口県：非生活必需品の鉄や銅製品の回収を指示 下関市：興亜奉公日を戦争物資動員の日と定め、戦争物資の供出を通達（10.3付）
11.25	鉄・銅・真鍮・砲金・唐金などの供出を指示、門柱・門扉・広告板等の取外しには費用支弁（11.14付）
12. 5～18	一般家庭からも鉄・銅の回収実施、隣組合→町内会→12連合会の順に5カ所以内の集積場＝買上場を設ける（11.28付）
12.19	市常会：1942.1.1興亜奉公日に鉄・銅回収（現用品で廃品に非ず）（12.26付）
1942　4. 2	下関市長より指定施設長宛通牒「金属類回収令施行細則公布の件」（4.10付）
5	指定施設に対する譲渡命令発動（金属類の回収に積極的であれ）（4.24、5.1付）
6. 7	指定施設に対する金属類回収の協議会開催（6.5付）
6.10	同上期日指定（5.29付）
8.16	下関市長より神社、寺院、教会等に対する金属類特別回収に関する件（準指定施設）
9. 1～6	指定施設金属類特別回収に就て（8.28付）
10.28～31	神社、寺院、教会の金属類特別回収（10.23付）
12. 4	「現代戦は鉄と鉄との戦です」＝金属の大量供出が戦勝完遂への使命と呼びかけ（12.4付）
1943　8	「山口県金属非常回収工作隊規程」（撤去・解体・切断等）（8.20付）
9.25～10.15	下関市並下関翼賛壮年団：「金属類総供出運動実施要綱」一般家庭対象（10.1付）
1944　1.25～27	白金・金・銀供出（即金買上）（1.14付） →結果は極めて良好（2.4付）

出典：下関市広報広聴課編『市報　しものせき』（複刻版Ⅰ、Ⅱ、1989年）、より。

において廃品類は対象とならなかったが、買上げ価格は公定価格で低廉であったので、朝鮮人にとって従来のような活発な営業活動を展開していくことは難しくなっていったのである。さらに政府は、1938年12月以降、日本鉄屑統制会社を立ち上げる一方、鉄屑の配給統制を行うため切符制を敷いて売買枠を規定し、また「指定商」を設けて統制を強めていった。

その結果、1939年5月の新聞記事によれば、同年4月に山口市内の7人の朝鮮人が、臨時措置法による屑鉄1トン100円という公定価格を無視し、1,064円で兵庫県姫路市の鉄工業者に売却し、448円の不当利益を得たとして検挙されたとある。柳井市の廃品回収業者は1931年ころ渡日し、同業に従事していたが、「支那事変発生に伴い物価の公定と廃品の減少とに因り生計も近時困難を来せり」という状態になったという。

こうした金属類の回収や取引の管理・統制において、朝鮮人リーダー層が選抜されていくことになる。山口県廃品問屋商業組合の設立発起人には、下関市では表2-5に示した日本人2人（宮武榮三郎・西村利一）とともに朝鮮人（金元錫）1人が名前を連ねている。下関地区の東西役員に朝鮮人が就い

表2-9　東大坪第一〜第九町内会各隣組組長の朝鮮人と創氏状況

町内会	隣組組長の朝鮮人氏名
第一町内会	第1〜16：－
第二町内会	第8：金本致鎬
第三町内会	第17：新井元鉉
第四町内会	第9：高山乙善、第10：金本益先、第11：朴永守、第15：鶴山斗先 第18：金鳳経
第五町内会	第7：林奉泰守、第11：金海衛述、第12：金鳳春、第14：本安箕鎬
第六町内会	会長：金川壹南、第3：南干守、第6：金山鐘喆、第8：廣村鐘郷
第七町内会	第3：許昌九
第八町内会	第8：林萬植
第九町内会	第1：金山文龍

出典：「本市町内会長並ニ隣組合長名簿」（8）（『下関市報』第85号、1943年3月19日付、4頁）、より。

たことは前述した通り
である。

さらに彼らは、第6章でみる協和会の指導員・補導員になり、また下記に示すような町内会のリーダー層になっていく存在であった。

1942年に開業する下関新駅から北方約1kmに位置し、朝鮮人集住地区であった東大坪地区では、第一から第九まで町内会があり、さらにその内部には細かく隣組が組織されていた。それらの中の1943年時点における町内会長や隣組長で朝鮮人と目される人物を掲げたのが表2-9である。町内会長1人、隣組長17人を数えることができる。このうち第六町内会では、会長の金川壹南を通じて献金を行ったことが新聞で報じられている。[24]

さらに表2-10に、大坪地区に隣接する栗尾町のケースも示しておいた。ここでは町内会長・副会長も朝鮮人が占め、隣組長にも14人が名前を連ねているのである。

下関の市会議員にも朝鮮人が登場するようになる。1939年時点では長崎町の李一龍がおり[25]、1942年6月の選挙では、第一選挙区（定数35）で東大坪の金川壹南（製函業、漢方薬業、41歳、第六町内会長）は落選するが（273票の得票で38位）、大坪町の東司（会社員、東亜新聞記者、32歳）は660票を獲得し第4位で、また長崎桑ノ内町の佐井金之助（土木請負業、53歳）は377票を獲得し21位で当選している[26]。こうした朝鮮人の登場には、朴春琴のような親日派や籠寅商店の保良浅之助のような政友会のボス的な人物の後押しを受けるケースも多かったのである。[27]

その一方、労働力不足も相俟って、市営の屎尿汲取作業を担当する朝鮮人

表2-10　栗尾町内会各隣組長の朝鮮人と創氏状況

町内会長		李淳競	副会長		国本起叉
隣組長	第一	宋秉坤	隣組長	第十一	崔在用
	第四	河野基卓		第十二	金山新一
	第五	鶴山錫春		第十四	金田俊助
	第六	林鳳植		第十五	金本忠吉
	第八	金本千植		第十七	川元東化
	第九	南岩伊		第十八	李一権
	第十	国本起叉		第十九	安原承萬

出典：『下関市報』第88号、1943年4月9日付、6頁、より。

が増加していく。しかしそこでは、「汲取夫ノ大部分ハ内地語ニ精通セザル半島人デアリマス、内地語ニ通ゼザル結果汲取先ニ於テ種々問題ノ起ルコトガアリ、又甚ダ敷ハ汲取夫ノ人格ヲ無視スルガ如キ傾向アル為之ニ原因シ汲取ノ円滑ヲ欠グ事例最モ多シ汲取夫ニ対シテハ事業ノ性質ヲ充分ニ認識セラレ汲取夫ノ職域ニ対シテハ常ニ感謝的態度ニ出デラル、様希望スルト同時ニ他面汲取夫ノ作業振リニ関シテハ平素公平無私ナル指導的監視ヲ払ハレ彼等ニシテ著キ不信行為アリタル時ハ衛生巡視又ハ衛生課ヘ電話其他ノ方法ニ依リ内報相成度シ」[28]という市当局の警鐘にあるように、汲取夫の人格を無視するような事態が起きたり、監視の目を光らせたりするような状況に置かれたのである。[29]

5．戦後の動向

　日本の敗戦を契機に、日本に在留していた朝鮮人の多くは朝鮮へ帰還したが、60万人規模の人々が残留した。それらは、帰還するチャンスを失った人、帰還しても日本での生活よりよくなる展望がないと考えた人、そして一度帰還した後、密航という形で再渡航してきた人などで構成されていた。下関には1945年11月時点で16,600人の朝鮮人が在留し、総人口の10.7％を占めていたが、47年には7,702人（4.4％）、50年には7,167人（3.7％）と、絶対数及び総人口比ともに減少していく。そして戦後の混乱の中で、外地からの引揚者の増加なども相俟って、失業状態にあるものが増加し[30]、金属類の統制解除や回収廃止など、1940年以前の状況に戻るとはいえ、古物商に関してはかつてほどの隆盛は期待できなかったと考えられる。

　それを戦後下関における商工名鑑にたどってみてみよう。最初に刊行されたのが下関市による1951年1月末現在の商工水産業者の一覧からなる『下関市商工名鑑　昭和26年度』（下関市役所商工課、1951年8月）であり、そこでは分類的には「其の他」の箇所に古鉄・古銅などを扱う卸・小売商が14人あが

第 2 章　在日朝鮮人古物商の成立と展開　77

っているが、表 2 − 8 に示した1939年現在の商工人名録に登場する業者はほんの数名のみであり、ましてや朝鮮人は 1 人も確認できなかった。次に1952年10月 1 日現在の商工水産業者の一覧からなる『下関市商工名鑑　1953』（下関市役所商工課、1953年 3 月）もやはり「其の他」の項目に古鉄類の業者が37人あがっているが、朝鮮人系とみられるものは、大和町の西日本韓国人金属回収有限会社（古鉄回収、金吉光）のみであった。1955年版『下関商工人名録』（1955年 1 月）は下関商工会議所の発行であって、そこでは「廃品回収業」（屑鉄古ロープ紙ガラス類）に分類され20人があがっているが、商工会議所の会員ということで、在日韓国・朝鮮人は 1 人も入っていない。

　1950年からの朝鮮戦争下で金属回収は再び隆盛期を迎えることになるが、そこには大量の日本人業者が入り込み、朝鮮人業者は1930年代のような隆盛を実現しえず、当該業種に復帰するのは再び業界自体が沈滞期となる高度成長以降のことであったとみることができる。

　以上みてきたように、在日朝鮮人古物商は、1920年代における渡航初期段階から30年代の戦時体制への移行期において、大いに隆盛をみ、日本内地における定着の基盤を形成していったということができる。それは、利益が少なく 3 K的で日本人は撤退し始めた紙屑類の回収から始まり、30年代の戦時体制への移行過程で重化学工業化の波に乗って、古金属を扱う業者に拡大し、利益幅も増大して一定の企業家も生み出していくこととなった。もっとも、そこに至る過程では、日本人側の官民あげての監視体制や差別的対応のもとでの蓄財であったことを忘れてはならない。

　しかし日中戦争から太平洋戦争へと続く戦争の深化は、統制経済の強化となって現れ、政策的な金属類の回収や価格統制が進み、民間業者の関与する余地は大きく狭められていった。しかもその間、一定の資産を形成して定着の基盤を築いた業者は、自民族の監視役としての役割を課せられることになっていった。終戦後は統制の解除や政策的回収の廃止のもとで、とくに朝鮮

戦争の勃発による金属類の需要は拡大し、廃品回収業は再び隆盛期を迎えるが、在日韓国・朝鮮人の活動場所は必ずしも設定されていたわけではなく、日本人業者との競争下にあって、再度優勢的状態になるのは、日本人側が３Ｋ的業種から離脱するようになる高度経済成長期以降のことであった。

　こうして在日韓国・朝鮮人は、再びニッチな産業にもどった古物商を継続し、あるいはバキュームカーを導入して屎尿汲取を請負い、さらには産業廃棄物取扱いなどに従事することで当該業種を引き継ぎ、それら業種は就職口の限られた在日韓国・朝鮮人の重要な働き口として存続していったのである。しかしそこでの待遇は、その恩恵にあずかっていることに気づかぬ人びとによる途切れることのない差別観のもとに置かれ続けたのである。

註
1）　大阪日本実業商工会編纂『昭和拾四年度版　日本実業商工名鑑　廃品版』1939年８月、「発刊ノ趣旨」及び「凡例」。
2）　ヒノキ縄については、福島俊弘「寄稿・歴史資料館を訪ねて　生活品重視の展示に共鳴」（『民団新聞』第2528号、2006年２月１日付）に紹介されている。また、姜必善「働いて、働いて、働いて」（小熊英二・姜尚中編『在日一世の記憶』集英社新書、2008年所収）も参照のこと。
3）　西陣織については、李洙任「京都西陣と在日朝鮮人」（李洙任・田中宏『グローバル時代の日本社会と国籍』明石書店、2007年）及び河明生『韓人日本移民社会経済史』（明石書店、1997年）を参照のこと。
4）　幸徳秋水「世田ヶ谷の鑑縷市」（『週刊平民新聞』第７号、1903年12月27日『幸徳秋水全集』第五巻、日本図書センター、1994年所収）。
5）　2007年11月23日に下関市海峡メッセで開かれた李洙任科研研究会「在日韓国・朝鮮人の経済活動」での、下関市在住のＯ氏（1936年下関市生まれの在日二世）よりの聞き取りによる。
6）　戦後の在日企業の資金調達動向については、企業規模の拡大にともない、民金（在日金融機関）から相互銀行など一般金融機関へ移行していくことが指摘されている（韓載香『「在日企業」の産業経済史　その社会的基盤とダイナミズム』名古屋大学出版会、2010年）。
7）　「四一道府県における在留朝鮮人」（木村健二・小松裕編著『史料と分析「韓国併合」直後の在日朝鮮人・中国人』明石書店、1998年）。
8）　内閣統計局『大正九年国勢調査報告』、『昭和五年国勢調査報告』。

9) 『昭和十五年国勢調査統計原表』第二十一表　産業（小分類）職業（小分類）年令ニ依リ分チタル内地在住ノ朝鮮人。
10) 同上。
11) 「下関における朝鮮同胞人口」(『関門地方経済調査』第9輯、1935年5月、9～10頁)。
12) 下関支店「下関在住半島人の活動状況」朝鮮銀行京城総裁席調査課『内地、支那各地在住の半島人の活動状況に関する調書』(1942年7月所収、2～3頁)。なお、戦前期の下関における在日朝鮮人の動向については、拙稿「戦前期山口県における朝鮮人の定住化と下関昭和館」(廣島史學研究會『史學研究』、第256号、2007年6月)を参照のこと。
13) したがって「金山一郎」などは含めていないため、ここで掲げたものは最小限の数値といえる。
14) 外村大『在日朝鮮人社会の歴史学的研究─形成・構造・変容─』(緑蔭書房、2004年)の「第3章在日朝鮮人社会の形成とその構造」における「第2節社会的結合」中の「3商工サービス業の展開」では、1930年代の『朝鮮日報』における新年の名刺広告をとりあげ、そのうち「廃品回収等」において、「古物商」、「製紙原料」、「屑物」、「古鉄」、「古銅鉄」、「原料商」などの記載があったこと、「買出人」と廃品をより分けて売る「問屋」、「ヨセヤ」があって、広告を出したのは後者であったことが指摘されている(同書、136頁)。
15) 前掲、下関支店「下関在住半島人の活動状況」4、7頁。
16) 福岡地方裁判所・同検事局『福岡県下在住朝鮮人の動向に就て』1939年9月(司法省調査部『世態調査資料』第二十六号)、18～20頁。
17) 前掲、『昭和拾四年度版　日本実業商工名鑑　廃品版』。
18) 「鉄や銅製品の戦時物資の動員　各家庭で準備下さい」(下関市『下関市報』第13号、1941年10月3日付、4頁、下関市広報広聴課編『市報しものせき』復刻版Ⅰ、1989年、144頁)。
19) 「警視庁の報告」によるこの間の東京における古物商の推移をみても、1930年代を通じて増加傾向にあったものが、1941年をピークに減少に転じ、1944年にはほぼ半減している(警視庁編『警視庁統計書』1939～45年)。
20) 「屑鉄不正売却」(『関門日日新聞』1939年5月10日付)。
21) 山口県協和会『防長路に馥る協和銃後美談』1941年、5頁。
22) リーダー層として中堅人物を取り込んでいく手法は、日本内地における地方改良運動や農山漁村経済更生運動、そして朝鮮内における農村振興運動においてもみられる常套手段であった。
23) 「山口県廃品問屋商業組合設立ノ同意ヲ求ムル書面」(山口県宮野村役場『勧業雑件』1938年)。
24) 「下関半島人の赤誠　会長を通じ献金」(『関門日日新聞』1941年12月30日付)。戦時下における町内会及びその下部組織としての隣組(10戸程度で構成)の役割に

ついては、「行政機関との密接な連係のもとに、敬神・祭祀、学事・教化、兵事・軍事援護、保健・体位向上、防護・自警、消費規正、貯蓄、物資配給・調査・募集、社会事業への協力、各種団体への援助・協力、行政事務への協力等の事業を推進すること」であったという（上田惟一「近代における都市町内の展開過程」『町内会の研究』御茶の水書房、1989年、98～99頁）。

25) 陣内市太郎編『下関商工人名録』（下関商工会議所、1940年）、附録38頁。
26) 『下関市報』第48号、1942年6月19日付（前掲『市報しものせき』復刻版Ⅰ、436頁）、及び『特高月報』1942年6月、114頁。東司の協和愛国推進隊副隊長の活動は本書第6章を参照のこと。
27) 「下関最初の鮮人市議候補　政友より保良氏と共に出馬」（『門司新報』1933年4月7日付）。
28) 「衛生課よりお願ひ　汲取夫を理解して下さい！」（前掲『下関市報』第1号、1941年7月11日付、前掲『市報しものせき』復刻版Ⅰ、3頁）。
29) 同衛生課では、汲取料の現金支払は種々弊害が生じ易いので、汲取券とするよう指導しているが、それも朝鮮人対策の一環と位置づけられていたといえる（同上、3頁）。また1943年11月19日付の市報にも、直接人夫への現金払は弊害の生じる因となること、人夫と言葉違い等で感情を害する等のことのない様協力して欲しい（清掃課）と訴えている（「屎尿汲取に就てお願ひ」同上、第120号、前掲『市報しものせき』復刻版Ⅰ、960頁）。
30) 『昭和二十年人口調査』、『昭和22年臨時国勢調査結果報告』其の四、『昭和25年国勢調査報告』第七巻都道府県編、其の三十五、山口県、『昭和二十一年人口調査結果原表』第十五表、朝鮮人ノ就業状態ノ表。

第3章

1939年の関門日日新聞にみる在日朝鮮人

【扉の写真】
関門日日新聞主催「"内鮮一体"懇談会」の模様(『関門日日新聞』1939年11月17日付、山口県立山口図書館所蔵)

第3章 1939年の関門日日新聞にみる在日朝鮮人

　本章は、戦前期に大部分の朝鮮人が日本上陸後最初の一歩を記した下関で発行されていた関門日日新聞を取り上げ、在日朝鮮人関係記事をとりまく政策状況と、そのもとで下関地域に暮らす朝鮮人の内実はどのように記事として描かれたのかに関して考察することを課題とする。

　取り上げる時期は1939年である。この年は、前年に志願兵制度が導入され、創氏改名が翌年に実施されることが決定し、募集による労務動員が開始され、中央協和会のもとで各道府県協和会（第二次）が組織化される年であった。いわば在日朝鮮人をめぐる状況が大きく変わる時期であった。

　そうした年に焦点をあて、下関地域に暮らす朝鮮人をとりまく状況が変化していく過程で、日本語新聞はいかにこれを報道したのかを見定めていこうというのである。それは、日本側の朝鮮人政策がいかに推し進められていったかを示すものであるとともに、当該事象が進行する過程での日本人の在日朝鮮人認識を反映するものでもあった。[1]

1．新聞記事一覧と当該期朝鮮人関係政策

(1) 山口県内の新聞事情

　1929年時点において山口県内で発行されていた新聞は、本章でとりあげる最大発行部数の関門日日新聞（22,442部）のほかに、3千部以上のものをあげると、防長新聞（8,500部）、馬関毎日新聞（3,500部）、宇部時報（3,347部）、日刊萩新聞（3,000部）があり、このほか県内各地に19紙にのぼる日刊あるいは隔日刊の新聞があった。このときの政党色は、大きく分けて政友派・民政派・無党派の三派であり、関門日日、馬関毎日は民政派で、防長新聞、宇部時報は政友派であったという。[2] 30年代後半の時期になると徐々に淘汰が進み、馬関毎日は1935年に廃刊し、政党色の異なる関門日日と防長新聞は1942年2月1日に統合されて関門日報となる。

　関門日日新聞は1911年に下関市で改題創刊し（その前紙名は馬関物価日報か

ら下関実業新聞)、その後一貫して県内でもっとも発行部数の多い新聞として隆盛をほこった。1939年段階では、下関地域はもちろんのこと、山口県の周東地区、北部九州、大分県、そして朝鮮なども射程に入れた記事が並んだ。

そこに掲載された在日朝鮮人関係記事を、1939年に関して拾い出すと、以下の表3－1のようになる。

表3－1　1939年の在日朝鮮人関係記事一覧

日付	記事名（関連地域）	内容分類
1.10	密航船上の格闘（釜山）	密航
1.19	ビール瓶で頭部を一撃（下関）	犯罪
1.20	半島生れの杜氏の盗み（中津）	犯罪
1.26	密航ブローカーを廿余名で袋叩き（釜山）	密航
1.28	南洋開拓に半島人鹿島立ち（門司）	南洋
1.28	密航鮮人百名（小倉）	密航
2.2	半島人南洋へ雄飛（釜山）	南洋
2.8	南洋開発の旅（釜山）	南洋
2.8	半島人にこの赤誠　病苦を押して涙の献金（福岡）	時局対応
2.8	鮮魚運搬船で博多へ密航（下関）	密航
2.8	密航船待つた（釜山）	密航
2.13	密航鮮人百廿名逮捕（釜山）	密航
2.16	昭和館付近の衛生施設改善（下関）	融和・昭和館
2.16	鮮童教育懇談　昭和館で開く（下関）	融和・昭和館
2.16	袋叩きにし　密航料強奪（釜山）	密航
2.19	在関半島人の家屋　防火的に改善（下関）	被災・事故
2.19	東大坪半島人部落　昨夜約五十戸焼く（下関）	被災・事故
2.21	南洋に雄飛する半島人労働者（門司）	南洋
2.22	東大坪大火に寄せられる同情（下関）	被災・事故
2.25	七ヶ月で仮釈放　模範半島人に恩典（小倉）	犯罪
2.27	東和会員が「皇道日本」観覧（下関）	同化・東和会
3.5	秋穂塩田　半島人を使用（小郡）	労働
3.11	吉見に密航鮮人（吉見）	密航
3.19	皇軍慰問に出かける巨人！金富貴君（下関）	時局対応
3.21	半島婦人の服装改善　講習会を開く（下関）	同化
3.23	帆船で玄海乗切る　密航一味送還さる（釜山）	密航

3.29	宇部市同和会　罹災見舞金送付（宇部）		被災・事故
4.1	巡査の右手に咬みつく（宇部）		犯罪
4.1	興安丸でお産（下関）		風俗・生活
4.12	内鮮相互会（萩）		融和
4.13	萩内鮮相助会献金（萩）		融和・時局対応
4.13	新手の詐欺　半島人の飴売り（徳山）		犯罪
4.15	船木協和会　近く結成さる（船木）		協和会
4.16	下関東和会春季定時総会（下関）		同化・東和会
4.21	船木協和会発会式（船木）		協和会
4.25	密航団送還（釜山）		密航
5.10	屑鉄不正売却（山口）		犯罪
5.13	協和会船木支部廿三日創立総会開催（船木）		協和会
5.16	小野田協和会　盛大な発会式を挙行（小野田）		協和会
5.18	内鮮親育会総会（小串）		同化・親育会
5.20	勇む半島志願兵　一行けさ来関東上（下関）		志願兵
5.22	密航待つた（釜山）		密航
5.25	船木協和会　盛大な発会式挙行（船木）		協和会
5.26	徳山半島人　二団体を合併（徳山）		同化・徳山
5.26	内鮮一如実を結ぶ　半島人愛国の赤誠（全国）		時局対応
5.28	勤労奉仕班結成　半島人の銃後奉仕陣（西市）		時局対応
6.13	小野田協和会　晴れの発会式（小野田）		協和会
6.16	在関半島人に無料健康相談（下関）		融和・昭和館
6.21	内地人と半島人　どちらがよく働くか（滝部村）		風俗・生活
6.21	密航者を検挙（下関）		密航
6.22	宇部市の喧嘩（宇部）		犯罪
6.22	密航者の検問（下関）		密航
6.24	内地化徹底を目標に　教化寮を新設（下関東和会）		同化・東和会
7.9	半島志願兵初の戦死者（朝鮮）		志願兵
7.11	密航捕物陣　半島人百五十名を一網打尽（門司）		密航
7.11	服地専門に一万五千円稼ぐ　前科二犯の半島人ゴ用（下関）		犯罪
7.22	労力者難緩和のため　朝鮮から入国す（福岡）		労務動員
7.25	製鉄所大量募集　朝鮮から求むか（八幡）		労務動員
7.26	小野田朝鮮人殖ゆ（小野田）		協和会
7.27	小倉市の半島人　三千名神棚新設（小倉）		同化
8.1	密航鮮人逮捕（若松）		密航
8.2	半島人が各戸に皇大神宮を奉斎（小倉）		同化
8.3	杉田課長ら来関（下関）		融和・昭和館

8. 4	朝鮮人密航常習の発動機船捕はる（下関）	密航
8. 8	御国のためにと熱心に徴兵志願（大分）	志願兵
8. 8	刃傷（八幡）	犯罪
8.10	労働者の不足で鮮人呼寄可能（若松）	労務動員
8.11	緑蔭随想　大気の涼風　薬師寺照宣（下関）	融和・昭和館
8.14	宇部の不良狩人　内鮮十数名一網打尽（宇部）	犯罪
8.15	排英半島人大会　明日徳山市中央校で（徳山）	時局対応
8.17	奇特な朝鮮人　薄給割いて毎月献金（八幡）	時局対応
8.17	半島人大乱闘（美袮）	犯罪
8.18	多数の負傷者出した内鮮人の大喧嘩（西市）	犯罪
8.22	炭鉱労力不足緩和　半島人の同胞を歓迎（直方）	労務動員
8.23	鮮服から和服へ　港都の朝鮮婦人が（下関）	同化
8.31	協和会結成式　徳山市内の半島人を一丸（徳山）	協和会
9. 7	総督府に応援を懇請　下関昭和館修養道場拡張（下関）	融和・昭和館
9. 7	同和保育園完成（宇部）	融和・同和会
9.13	密航の鮮人八名を一網打尽に検挙（徳山）	密航
9.13	捜査願ひ（徳山）	被災・事故
9.16	密航鮮人五十名　玄海で漂流中捕る（下関）	密航
9.23	朝鮮人八十名が又も下関へ密航（下関）	密航
9.23	渡航証明書の偽造団検挙（下関）	密航
10. 5	密航鮮人　数十名遁走（下関）	密航
10. 5	密行朝鮮人　一網打尽検挙（若松）	密航
10. 5	稀代の大賊　岩国署に逮捕（岩国）	犯罪
10. 5	小野田協和会　指導に乗出す（小野田）	協和会
10.10	理論弁証を超越した内鮮一体の実風景（下関向山校）	同化
10.12	感心な鮮人（周南）	同化
10.12	被害1万円に上る　稀代の鮮人空巣狙ひ（岩国）	犯罪
10.15	在倉朝鮮人の男女青年に講習（小倉）	同化
10.15	麻薬密輸の鮮人　防府に入込んで御用（防府）	犯罪
10.17	釜山の密航ブローカー狩り（釜山）	密航
10.19	小倉半島人男女青年講習会（小倉）	同化
10.20	門司朝鮮人の購買会を設立（門司）	風俗・生活
10.22	読者の領分　密航鮮人問題	密航
10.22	十六名検挙　宇部で半島人の賭博（宇部）	犯罪
10.22	同和会第二回体育大会（宇部）	融和・同和会
10.22	密航詐欺（釜山）	密航
10.23	宇部長生炭坑に第二回の半島稼働者（宇部）	労務動員

10.24	一杯機嫌で相手を殴り殺す　宇部で鮮人同士の喧嘩（宇部）		犯罪
10.24	密航鮮人　十七名を検挙（下関）		密航
10.28	市庁舎に焼夷弾（仮想）　半島人の活躍は見事（下関）		時局対応
10.28	不敵な鮮人（八幡）		犯罪
10.29	朝鮮志願兵　十一月中旬下関へ（下関）		志願兵
11.5	朝鮮の志願兵　大挙来関　全市を挙げて大歓迎（下関）		志願兵
11.6	半島人生活刷新夜間講習開講式（小倉）		同化
11.7	朝鮮陸軍志願訓練生徒着京（東京）		志願兵
11.7	読者の領分　半島人の内地渡航問題（下関）		密航
11.8	万引（宇部）		犯罪
11.8	朝鮮志願兵訓練生帝都訪問（東京）		志願兵
11.8	半島同胞移住　第一回分到着（筑豊）		労務動員
11.8	社会課出張所　下関市庁内に設置（下関）		同化
11.9	青年団と婦人会　東和内に新設（下関）		融和・東和会
11.9	朝鮮同胞も『氏』を名乗る（全体）		同化
11.9	朝鮮因習改善　内鮮一如の一方法（社説）		同化
11.10	犯人は前科三犯の札付き（門司）		犯罪
11.10	朝鮮陸軍志願兵の熱意と意気を聴け　あす下関で講演会開催（下関）		志願兵
11.12	半島人で補ふ　東見初炭礦の労力（宇部）		労務動員
11.16	全半島人間に国体観念徹底　宇多田氏土産話（下関）		同化
11.17	"内鮮一体"懇談会　塩原局長らを迎へてけふ下関で開かる（下関）		同化
11.17	統制違反の罰金に不服　半島人綿布商（下関）		犯罪
11.19	貝島大之浦礦業半島同胞到着（筑豊）		労務動員
11.19	下関社会施設訪問記（一）半島同胞の太陽　昭和館の諸事業（下関）		融和・昭和館
11.20	鮮人の喧嘩　遂に一名死亡（下関）		犯罪
11.21	賭博二人組（下関）		犯罪
11.21	密航ブローカー七十六名を一網打尽（釜山）		密航
11.22	逮捕（釜山）		犯罪
11.22	逮捕（門司）		犯罪
11.23	鮮人の放火　一年振りに発覚（小野田）		犯罪
11.23	新目尾炭鉱（福岡）爆発　負傷者数名を出す		被災・事故
11.23	大分県に内鮮協和会を設置（大分）		協和会
11.25	半島労働力移入　鉱山、工場の生産力に拍車す（福岡）		労務動員
11.25	製鉄所労務者半島人到着す（八幡）		労務動員

11.30	半島人入所宣誓式（筑豊）	労務動員
12. 1	鮮人の刃傷（福岡）	犯罪
12. 3	密航鮮人捕る（釜山）	密航
12. 3	協和事業を強化拡充　山口県協和会設立　各署管内に支会置く	協和会
12. 9	半島人志願兵好成績（全体）	志願兵
12. 9	垢田海岸に密航鮮人（下関）	密航
12. 9	犯人送還（豊浦郡）	密航
12.12	新版馬関風景（13）上條市場（下関）	生活・習慣
12.13	半島労働者指導官設置（全体）	労務動員
12.14	小串管内朝鮮同胞山口県協和会加入（豊浦郡）	協和会
12.24	一半島人の愛郷美談（大阪）	同化
12.25	鮮童教育は先づ父兄から　養治校の試み（下関）	同化

関連地域及び内容分類は筆者作成。

　この一覧表から、1939年の下関市を中心とする地域の、在日朝鮮人をめぐる状況を垣間見ることができよう。すなわち、日中戦争は長期化し、ヨーロッパで第二次世界大戦が始まると朝鮮人による「排英大会」が開催され、陸軍特別志願兵が行き交い、軍事献金がなされる。また、日本内地の労働力不足を解消するべく、朝鮮から労務動員が実施されるようになり、それに対応して、一方で密航の取締りを厳しく行い、他方で朝鮮人団体に関しては、いわゆる融和団体は存続しているものの、県内各地に協和会が作られ始め、それはやがて全国規模で創設された中央協和会からさらに県の協和会に統合され、そうした状況を反映するように、神棚設置、神宮奉斎、朝鮮服から和服への転換、創氏の計画、国体観念の流布などの記事が並び、「内地同化」が推進されていったのである。

　そこで以下ではまず当時の朝鮮人や在日朝鮮人をとりまく政策状況についてみてみよう。

(2) 1939年の朝鮮人をとりまく政策状況

①志願兵制度

　志願兵制度が朝鮮人に適用されるのは、1938年2月の勅令95号「陸軍特別志願兵令」によっていた。ここで「特別」とされたのは、日本内地人の場合は「戸籍法の適用を受くる」男子とされており、「戸籍法の適用を受けざる」朝鮮人・台湾人に適用しようとすると、「特別」の措置をとらざるを得なかったからである。

　こうして、体格等位甲種、小学校卒業、志操堅固、家計の困らぬ者で道知事の推薦を得、さらに徴兵身体検査、学科試験、人物考査を経て選ばれた者が、半年間の訓練を終え、内地視察団として伊勢神宮や明治神宮の視察にやってきた。その数は1938年度後期には204人、39年度には626人にのぼり、日中戦争の前戦へ送られていった。これらの志願兵に対して、朝鮮総督府学務局長にして陸軍兵志願者訓練所長である塩原時三郎は、「日本の国柄の万国に優れた点を問はれて行詰つたり、教育勅語中一番大切な箇所を問はれて的外れな答をしたり、皇国臣民の誓詞が言へなかつたりしては、寧ろ其の不用意に驚くの外はない」と危機感を募らせ、いっそうの皇民化の推進を図っていこうとするのである。[3]

②創氏改名

　創氏改名政策は、1939年8月31日に朝鮮民事令改正案が策定され、11月7日の閣議決定、8日の拓務省発表、10日朝鮮総督府の発表によって起動づけられ、翌1940年2月11日に施行されたものである。実施期間の6カ月間に約8割の朝鮮人が創氏改名を実行したといわれている。水野直樹の研究によれば、1939年5月前後に日本名に変えた事例が新聞に紹介されたといい、その一方、日本人（内地人）とまったく見分けがつかなくなることを懸念する「差異化のベクトル」もあったという。[4]

③密航取締

　すでに第1章でふれたように、朝鮮人の日本渡航に関しては、併合以前に

は、1876年の日朝修好条規附録において、日本人が雇いおく朝鮮人を朝鮮政府が許可すれば連れ帰ることができるとされ、さらに1899年における日本の内地雑居実施の際には、清国人労働者は問題視されたが、朝鮮人はさして問題となっていないとして入国抑止の対象とはされなかった。

　それが併合以降は、全体として抑止政策下におかれ、1919年の三・一独立運動後、1923年の関東大震災後には渡航禁止とされ、そして1925年には第1章でみたように、釜山水上警察署によって、1．無許可労働者募集に応じ渡航する者、2．内地における就職不確実な者、3．国語が解せない者、4．旅費以外の所持金が10円以下の者、5．モルヒネ患者に該当する場合、釜山港から帰されることとなった。したがってこれらに該当する者は、正規のルートではない、いわゆる「密航」という手段により日本内地に渡航するよりほかに方法がなかったのである。

　1939年の戦時労務動員が開始されて以降も、その方針に変化はなく、かえって労働力を動員先に集中させるため、密航を厳しく取り締まることになったのである。1939年11月21日付関門日日新聞紙上には、「密航ブローカー七十六名を一網打尽」と題して、釜山署高等係で高等刑事を総動員して、府内全般でブローカー十数人とその大親分を検挙し、さらに夜半に岩南里海岸より密航しようとしたブローカー数人と参集者76人を逮捕したとある。朝鮮側でもこうした一斉検挙が随時行われていたのである（ほかに10月17日付も参照）。

　以上のような事態が解消されるのは、1944年12月22日の閣議決定「朝鮮及台湾同胞ニ対スル処遇改善ニ関スル件」に基づく渡航制限の撤廃であった。それは、その他の植民地民族特有の処遇・政策を解消し、「内地人並み」化と軌を一にするものであり、この場合は内地の労働力枯渇と徴兵制の実施（1944年）に対応しようとするものにほかならなかった。もっともその実施にあたっては、官斡旋・徴用を原則とするなど、あいかわらず渡航制限制度は継続していたということであり、戦争末期で関釜連絡船も運航が難しくなっており、実効性は乏しかったのである。

④労務動員

　朝鮮人労務動員政策は、1937年の日中戦争開始以降、それが長期戦＝総力戦化していく中で考案されたものである。それにもっとも積極的であったのは商工省で、内務省や厚生省は賛意を示していなかった。けっきょく炭鉱労働者不足に押し切られたかっこうであったという。また1938年8月の朝鮮総督府時局対策調査会では、労務調整機関の整備拡充を答申しているが、動員に関する具体策はとられていなかった。朝鮮内の鉱工業化が進展していく過程で、朝鮮側としては必ずしも労働力の内地移出を歓迎していなかったことも関係していよう[8]。

　実際には、翌1939年7月4日の閣議決定「昭和十四年度労務動員実施計画綱領」によって、朝鮮人労務動員計画が策定され、その年には8万5千人の動員が計画されることになる[9]。そしてこの段階ではまだ、先にもみたように、渡日規制は強化されこそすれ、緩められることはなかったのである。ちなみにその後、動員計画数は10万人前後で推移し、1944年には29万人に膨れ上がり、45年までに90万人余りの動員が計画され、結果的に延べ人数で72万人余りの朝鮮人が労務動員され、過酷な労働を強いられたのである[10]。

⑤下関昭和館と山口県協和会

　下関昭和館は、1928年5月、山口県内の慈善団体（慶福会）と朝鮮総督府が5千円、山口県下（主として下関）の篤志家が2万5千円を寄附し、財団法人山口県社会事業協会が運営する形で設立された。これに対して朝鮮総督府は、「大阪の内鮮協和会に次ぎ内地に於ける朝鮮人救済事業中最も見るべきものである[11]」と位置づけている。

　こうして朝鮮総督府は毎年補助金を支給しており、その結果、斎藤實関係文書（奥州市立斎藤實記念館所蔵）には『昭和館事業要覧』が収録されている（昭和6、7、9年版、詳しくは本書第5章を参照）。なお当時の朝鮮にあっては、ようやく社会事業的な施策が進められるようになり、1921年に総督府に社会課を設置するとともに、職業紹介、人事相談、公設市場、公益質屋、公設住

宅、共同宿泊所及び簡易食堂などの諸施設に対する補助金支給を行っている[12]。こうした動きの中で、朝鮮総督府による補助金も1928年以降毎年支給されたのである。それは、序章でみたように、問題の未然防止と内鮮融和を目的としたものであったのである。

やはり序章でふれたように、この時期各道府県レベルで融和団体は多数設立され、その中には労働ブローカー的なものもあったであろうが[13]、在日朝鮮人の保護や生活面における支援、そして労働力としての陶冶がなされたことは疑いないところである。それが「内地同化」に力点を置く団体に変容させられていくのは、1934年10月に政府が「朝鮮人移住対策ノ件」を閣議決定するあたりからであった。

こうして内務省は、1936年度予算に「協和事業援助費」5万円を計上し、同年8月31日、「協和事業実施要旨」という通牒を発し、それに基づき「同化を基調とする社会施設の徹底強化を図り、以て国民生活の協調偕和に資し、共存共栄の実を収めんことを期する」として、言語・風俗・慣習その他の相違が甚だしい中で、「内地同化」を推進することによって国民生活の協調偕和を図り、共存共栄を実現しようとしていく。この結果、全国31府県に協和会が作られ、さらに各府県内には警察署管内や市区町村レベルでも協和会(あるいは矯風会)が組織されるようになる[14]。

しかし、これらの活動はそれぞれまちまちで統一がとれず、ますます増加していく朝鮮人数とその移動の頻繁さに鑑み、原田積善会と三井報恩会による事業援助もあって、1938年11月に関係者のあいだで中央協和会を組織することが議せられ、翌39年6月に東京で創立総会がもたれ、理事長には元朝鮮総督府学務局長の関屋貞三郎が就任した[15]。中央組織の設置により「個々の団体への懇切なる指導誘掖がはかられる」とされたのである。その結果、各府県の融和団体や協和会の下部組織は統一した方針のもとに統合されるか、解散させられることになる(詳しくは序章及び第6章を参照)。

2．関門日日新聞にみる下関の朝鮮人

(1) 志願兵の通過と時局対応

　前述のように、1938年に始まった朝鮮陸軍志願訓練生は訓練を終えると、日本内地の伊勢神宮や東京を訪問する。その途次、当然下関にも立ち寄るのであって、10月29日付（以下、日付のみの場合はすべて『関門日日新聞』1939年分の記事を示す）では、下関青年団が歓迎の交歓会を催す予定であることを報じている。そして実際に11月4日に第2班が到着した際には、市庁・警察・東和会・関門日日新聞社などによる歓迎会や映画上映会などで歓待をし、帰路の同月11、12日には、市庁・東和会・関門日日新聞社の主催で、下関仏教青年会館や敬法会館で海田要団長や教官・生徒数名による講演会を開催するという（11月10日付）。また志願兵で最初の戦死者が出た際も、「敵陣に突入奮戦途中に敵弾のため壮烈な戦死」とこれをたたえる記事を載せる（7月9日付）。

　こうした動きは、山口県内の朝鮮人を刺激したであろうことは疑いなく、1942年には山口県からは25人の朝鮮人志願者をみ、大阪市で学科試験、身体検査、口頭試問を受験した。そのうち適格者は19人（不適格者は6人）で、その数は30府県中第4位の位置にあったという[16]。

　さらに下関・門司は、朝鮮人労働者・移住者が南洋方面へ出立する通過港であった。これらの朝鮮人を、南洋開拓に雄飛するものとしてたたえる記事が並ぶ（1月28日付、2月2日付、2月8日付、2月21日付）。

　また、日中戦争の長期化にともなう総力戦体制の中で、朝鮮人の献金を「半島人愛国の赤誠」と表現したり（2月8日付、5月26日付）、8月17日付では、八幡市の日本化成会社人夫が毎月10円を国防費として献納し、10月12日付でも熊毛郡の荷馬車業者が50円献金したとある。さらには銃後の農村への勤労奉仕班を結成したことを掲載し（5月28日付）、いっそう大きな赤誠行動

を引き起こそうとするのである。

(2) 創氏改名の実施

　創氏改名については、1940年に実施される前年の11月9日付に「朝鮮同胞も『氏』を名乗る　一石二鳥の名案」という記事として登場している。それによって「内鮮融和」と「家族制度の醇風」が同時に獲得できるとする。すなわち、「嫁入後でも生家の姓をあくまで名乗つているので人情の上から言つても血族関係の上から見ても不自然極まるもので、この法令によればこれらの慣習を一切清算し異姓養子も認めた上、姓の外に別に家の名称を現はす日本式例へば金姓を名乗る家からはこれに関係ある『金子』とか『金井』等と従来の姓を利用した氏を名乗らせやうといふのである」とある。人情と血族関係から現状は「不自然極まる」と決めつけ、したがって従来の姓を利用した氏を名乗らせるのだとしている。

　さらに同日付の「社説」では、「朝鮮因習改善　内鮮一如の一方法」と題して、内地にある朝鮮人が内地氏名を称するものが多いが、これは権力抑圧によるものではなく、便利・融和のためであるとする。はなはだ便宜的な面のみ強調し、氏をもたされることへの屈辱を慮る発想はどこにもないといわざるをえない。

(3) 密航取締と改善要求

　「密航問題」は山口県、とりわけ下関地域において頻繁に現出し、取締の対象となって検挙されるケースも多かった。この間の新聞記事は、もっぱら検挙事例が大部分であり、釜山でのものを含めると、1月3件、2月4件、3月2件、4月1件、5月1件、6月2件、7月1件、8月2件、9月4件、10月5件、11月1件、12月3件、計29件を拾うことができる（投書を除く）。

　多くはブローカーの斡旋で、発動機船を擁し、1人当たり10円から20円（8月4日付）、あるいは20円から30円の手数料（9月16日付）であったという。

第3章 1939年の関門日日新聞にみる在日朝鮮人

また門司の大里で一度に150人を検挙した例や（7月11日付）、徳山では、一度小倉に上陸して工場人夫として働いたのち、徳山に移ったところで、密航者が入り込んだ形跡があるとして内偵され8人が検挙されている（9月13日付）。若松では、警防団が発見し青年団・家庭防護団・警察署の応援のもとに36人を一網打尽にしたとある（10月5日付）。さらに、下関署あるいは岩国署の印鑑を偽造し、偽渡航証明書を作成して20円から30円で売却したとして、5名が県特高課下関出張所に検挙されている（9月23日付）。

こうした「密航者」の逮捕・送還事件はかなり常態化していたようだが、当局によるこのような対応の背景には、⑷でみるような労務動員の徹底化があったものといえよう。厳しく取り締まることによって、自由な渡航を抑制し、計画的な労働力調達を実現しようとしたのである。

そうした中で、10月22日付の「読者の領分」といういわば投書欄には、「密航鮮人問題」と題して、以下の500字余りの投稿が掲載される。

「最近の新聞記事に依ると、実に驚異するほどの『密航鮮人』が検挙された事実がある。私は『密航鮮人』とは如何なる者であるかを知るに苦しむ者であります。もし、不幸にして、半島の同胞諸君が生活を求めて内地へ自由に渡来した場合を指して『密航鮮人』呼ばはりするのであれば、私は八紘一宇の大理想に基き東亜共同体建設の精神によって強く当局へ要望せんとする者であります。如何なる理由によりて、半島同胞が内地へ自由に渡来するのを、圧迫する必要があるのでせうか？半島出身者の吾々は実に理解するに苦しむ次第であります。何故なら、内地の同胞諸君は、内鮮を自由自在に往来してゐるではありませんか。然るに吾々半島出身者には、内鮮を往来するの、自由を与へてないのであります。しかして真の心からの協和があり、内鮮一体が実現され得ることでせうか私は天下の識者に対して斯る矛盾を訴へると共にわれ〴〵半島出身者が、示した愛国の熱誠を差別的不明情に、受いれることなく「愛と理

解」をもつて、受けいれたならば、『密航鮮人』なる問題が、今日起り得なかつたこと、、愛国の立場から、世界人類平和の見地から痛切に感ずる次第であります」(キオツ生)

　内地人は自由に内地－半島を往来しているにもかかわらず、朝鮮人にのみその自由を与えず、これを密航者として取締っているようでは、真の、心からの協和や内鮮一体の実現という見地からも、また愛国の立場、あるいは世界人類平和の見地からもおかしいということを主張している。「吾々半島出身者」といっていることからも、1940年3月9日付に再度「鮮人の渡航証明に対する抗議」という投書が載っており、そこでは下関・朴基乙生となっていることからも、投稿者が朝鮮人であることはまちがいなく、日本の朝鮮・朝鮮人政策における差別的待遇の矛盾を突いた一例を示すものといえる。
　これに対しては、11月7日付のやはり「読者の領分」で、「半島人の内地渡航問題」と題する以下のような反論が載る。

　「日本人にして満洲国又は支那に漫然渡航後、衣食に窮し日本人としての対面を汚すものが一切ないので其渡航に制限を現在加へてゐる先日本欄に密航鮮人に関する投書があつた。筆者としては内地に育ち日本国民として教育を受け住居の自由を当然としてゐたのに新聞記事によつて密航鮮人の実在を知り吃驚したものである。又内地一般人士としても読後感として奇異を覚えそれは余りなと思はれたであらう。けれども自由渡航は再考を要する問題である。内鮮一体と言ふ国策から見た場合制度渡航が望ましい。
　現在内地移居の半島人は部落に聚落してゐる。これは同化上一大支障である。自由渡航となつた場合この部落に群集し相互ひに其限られた能力の職場を攪乱すは論をまたない、茲に於いて新しい渡航法として労力、頭脳力の欠乏せる各種の職場に集団的に家族移住を採用すべきである。

農村は人手が足りない、田地は荒野と化した所が少なくない状態にある。其の各農村へ分住せしめ、政府が職場を与へると共に日本人としての国民教育を施し同化の実現を挙ぐべきである。」（下関市・T生）

あくまで「自由渡航」に反対し、労働力の欠乏した、したがって内地人と競合しない農村などに家族単位で採用し、集住を避けて分住させ、「国民教育」を施して同化させるという方式の「制度渡航」を主張している。明らかに内地あるいは内地人側に都合のよい方式であり、内鮮一体が常にそのようなものとして認識され、また実行されていったことを示すものということができる。もっとも関門日日新聞では、前述したようにこれに対する再反論も翌年3月に掲載しており、この時まではまだ政策面への批判的記事も掲載可能であったということであろう。

(4) 労務動員

関門日日新聞における労務動員関係記事は、もっぱら北九州側のものが多く、その最初のものも、「労力者難緩和のため　朝鮮から入国」が決定したという福岡県知事の談話にはじまり（7月22日付）、そこでは鉱山用土木事業とされていたが、さらに「製鉄所大量募集」（7月25日付）で構内運搬労働者を朝鮮で募集の意向が示され、石炭労働者も呼び寄せが可能となったことなども報じられた（8月10日、22日付）。

そして「半島同胞移住　第一回分到着」（11月8日付）で「筑豊炭田労働者払底緩和策」として、鞍手郡小竹町の古河西部鉱業所に67名が到着したことが報じられている。このほか、貝島大之浦礦業所第二次100名（同上）、同第三次125名（11月19日付）、鞍手郡宮田町貝島大先鉱業所第五次80名（11月30日）などがあり、いずれも入所宣誓式を挙行したとある。

山口県内に関しては、宇部市東見初炭鉱に第一班29名が11月9日、第二班33名が10日に到着したという記事がみられる。受け入れに先立って工費8千

円を投じて専用合宿所 2 棟を建設し、係員を朝鮮に派遣して募集したもので、到着後は歓迎茶話会を催して歓待し、今後は専任者を置いて徹底的に指導する方針であるという（11月12日付）。

全体として労働力不足による導入であること（1月18日付、8月18日付には宇部炭田で求人開拓行脚の記事がみられる）、入所宣誓式や歓迎茶話会を行ったこと、専用合宿所や寝具に巨費を投じたこと、就労に際しては指導・訓練を行うことなどが記されており、いずれも事実のみを記載し、朝鮮人をもちあげるような筆致にはなっていないことが特徴といえる。

(5) 下関昭和館と山口県協和会

前述のような形で設立された下関昭和館については、この時期の関門日日新聞では、「鮮童教育懇談会」（2月16日付）、「在関半島人に無料健康相談」（6月16日付）などの懇談会や相談会が行われたことを報じている。また「下関社会施設訪問記㈠　半島同胞の太陽　昭和館の諸事業」（11月19日付）では、建物の写真とともに大きく取り上げている。そこでは、無料宿泊、授産、未就学児童教育、託児各施設、［不明］外駅頭保護、職業紹介、教化、人事相談、救済、司法保護などの事業をひととおり述べたうえで、「半島同胞からは、我らの太陽」として親しまれているとしている。在日朝鮮人の保護救済機関として機能し、内鮮融和が実現していることを示しているといえる。しかし同時に、薬師寺照宣館長の談話も掲載し、「朝鮮同胞の保護も大切ですが、何といつても教化が先決ですよ」と、同館では教化を重視している点もあわせて指摘する（詳しくは第 5 章を参照）。そして後述の東和会が1935年にでき[18]、さらに1939年12月に山口県協和会が発足し、また山口県社会課下関出張所が同月に開所して以降は、昭和館に関する記事はほとんど登場しなくなるか、これらの機関と共催あるいはその活動場所を提供する所としてしか登場しなくなるのである[19]。

山口県の協和会に関する記事としては、4月以降、山口県内の船木・小野

第3章 1939年の関門日日新聞にみる在日朝鮮人 99

田・徳山にあいついで協和会が作られたことを報道している。そして宇部と下関に関しては、それに匹敵する組織である宇部同和会と下関東和会の活動を取り上げる。さらに山口県協和会（第二次）の創立に際しては、12月3日付で「協和事業を強化拡充」と題して、殷賑産業勃興にともなう半島出身者来住の増加によって、従来社会事業協会協和部で実施してきた協和事業をいっそう拡充強化するため設立されたもので、各警察署管内に支会を設けて実践網となし、指導教化をはかるとしている。その後は、第6章でみるように、山口県社会事業協会の機関誌『山口県社会時報』と肩を並べるように、ほとんど広報機関といってもよいほど山口県協和会及び各支会の活動が紙面を飾っていくことになる。

(6) 同化政策への呼応

　この間のこの地域の「内地同化」あるいは「皇国臣民化」に関する記事を拾うと、2月27日付に下関東和会で映画「皇道日本」を観覧すること、3月21日付では山口県社会事業協会が昭和館で朝鮮婦人の服装改善講習会を開くことなどがあった。さらに7月27日付、8月2日付に小倉市の在日朝鮮人6名が代表して伊勢神宮を参拝し、神宮大麻500枚を持ち帰って3千人分の神棚としたことが記されている。8月23日付では、下関市の東和会で「内鮮一如」の実をあげるべく、25歳以下の婦人服を和服ないし簡単服に改めることを決め、「先づ服装から内地化へ徹底を期すことになつた」とある。こののち東和会では、同会内に青年団と婦人会を組織し、「向上」を期したという（11月9日付）。11月16日付では、宇多田山口県社会課下関駐在員の朝鮮視察結果が報じられる。

　関門日日新聞社では、「内地同化」政策に呼応する形で「内鮮一体懇談会」を開催している（11月16日開催、11月17日付に掲載）[20]。そこでは、表3-2に示すように、朝鮮総督府から学務局長以下4名を招聘し、また福岡県・山口県の特高課長・社会課長、下関・宇部市長、門司市助役のほか、三菱造船

表3-2　関門日日新聞社主催「内鮮一体懇談会」出席者一覧

出席者	肩書き	出席者	肩書き
塩原時三郎	朝鮮総督府学務局長	後藤吉五郎	福岡県特別高等課長
海田　要	朝鮮総督府陸軍兵志願訓練所教授、陸軍大佐	磯　潤爾	福岡県社会課長
		片岡金吉	三菱造船所総務課長
井家伊作	朝鮮総督府下関派遣員	友田耕蔵	林兼商店総務局長
森田正三郎	同上秘書	李　化生	東和会代表
松井信助	下関市長	加藤	本社主筆
谷	門司市助役	村尾	本社総務局長
伊藤勘助	宇部市長	襌院美幸	福岡支局長
鹿土源太郎	山口県特別高等課長	村田公亮	山口支社長
杉田三朗	山口県社会課長	岡﨑茂樹	京城支局長
堀部千尋	福岡県司法課長		

出典：『関門日日新聞』1939年11月17日付、より。

　所と林兼商店という下関の二大企業、そして東和会の代表として在日朝鮮人である李化生の出席を得ている。李は第2章でみたように、市内大坪町に住み、製材・製函・菓子缶製造・空缶業などを営み（1924年開業）、営業収益税112円を支払う下関商工会議所の会員でもあり、いわば在下関朝鮮人のリーダー的存在であった。李が代表を務める東和会は、市内長崎町神田に事務所を置き、この時期下関で唯一の在日朝鮮人団体であり、内部に青年団や婦人会を組織し、「融和のための向上」をめざしたという（11月9日付、のちに協和会に吸収される）。なお懇談会では、塩原時三郎によって南次郎総督の掲げる「内鮮一体の本旨」などが語られ、質疑がなされたという[21]。
　このほか小倉では、警察及び矯風会幹部が推薦する男女青年各50人を集め、1カ月にわたって夜間の講習会を小学校で開催し、修身・国語・生活指導・見学会・座談会などをもつ予定であるということが報道されている（10月15日付、10月19日付、11月6日付）。こうしたくりかえす報道が、「内地同化」の体制を整えることにつながっていったとみることができよう。

(7) 事故・事件、日常生活、教育問題

　在日朝鮮人がらみの事故に関しては、この時期には件数はあまり多くはないのであるが、悲惨な労働災害の場合に朝鮮人犠牲者が多く含まれており（11月23日付）、危険な職場に就労するケースがそれだけ多かったことを示していよう。[22] また、2月に起きた朝鮮人集住地区の下関市大坪町の大火については、バラック同様の家屋構造に原因があったので、これを厳重に取締るという警察署の談話を掲載する（2月19日付）。

　朝鮮人の犯罪報道は、来住者数が増加する1920年代以降、センセーショナルに取り上げられるところとなった。当初は「怪鮮人」というような表現で報道され、その後「鮮人」「半島人」という呼称で示され、必ず出身地もつけられた。1939年中の犯罪報道では、朝鮮人同士の喧嘩がもっとも多く（中でも密航がらみのものが多かった）、ついで窃盗、賭博、経済事犯などが続いた。こうした報道がことさら誇大に印象づけられることにより、朝鮮人の風俗習慣の改造論につながっていくことになるのである。

　朝鮮人の生活状況に関する記事としては、下関厳島神社と山陽線の線路をはさんで向かい側に位置したとされる上條（うえじょう）市場（いちば）に関する記事が特筆に値する（12月12日付、次頁参照）。それは「新版馬関風景」の13に、朝鮮人の専用市場「半島人市場」として紹介された。[23] この北側に大坪町などの朝鮮人集住地区がひろがっていたのであり、ここへ内地人も出入りし、「極めて自然に」取引きし売買しているとある。「温かい同胞の交り」とか「何らの無理も隔てもなく」といったことばが並ぶが、それは朝鮮式の市場であればこそのものだったのであり、かつ先の日本人投稿者が否定した「集住」の結果生み出されたものであったことを想起すべきであろう。そしてこうした異文化風景を掲載した点は、まだこの段階ではまったく朝鮮文化を否定するような言動や政策が推進されていなかったことを示すものということができよう。この市場は、下関商工会議所の『下関商工人名録』（1939年9月1日現在）の市内市場一覧には掲載されておらず、非公式なものであったとみられる。[24]

「此の写真を見ては、一寸下関の人でも頭を傾けずに居れないであらう。これは紛うかたなき下関市内の一風景で、決して海を渡つた半島のものではない。即ち長門市場から人足を追つて上條の方へ行くほどに出たのが此の半島人市場で、同じ下関で、住んでゐ乍らも東の方の人は恐らくまだ見た事のない人が相当あると思ふ。
　現在下関市には一万人の半島人が住んでゐる。内鮮融和とか、イヤ一体でなければならぬとか、議論する人はいろ〳〵あるやうだが、わが下関では一切の議論をぬきにして、互ひに日本国民として温かい同胞の交りが展開してゐる。午後のひと時上條あたりを歩いてみるがよい。そこには肩々相摩すやうな雑踏の中に、何らの無理も隔てもなく、極めて自然に内鮮人は取引きし売買してゐる。（以下略）」（表紙の写真を参照）

　次に、「興亜関門学校めぐり」（10月10日付）で紹介された、下関市立向山小学校（1928年創立）の朝鮮人に関する記述がある。向山小学校は朝鮮人集住地区の北端に位置し、児童1750人中、朝鮮の児童（鮮童と表現）が400人を数えるという特殊な小学校であったという。この学校の朝鮮人児童については、「半島児童教育所感　下関向山校（昭和十三年）」で詳細な資料が提示されていることでも知られている。その資料中では「内鮮融和」の方策が追求されていたが、ここでは、「何等の理屈や面倒もなく、校庭で教室で、心から打ちとけた、それこそ内鮮などといふやうな観念さへ忘れた和やかな風景が何時でも展開してゐるのである」とあって、融和が非常に進んだ状態であることが強調されている。もっとも、父兄会を内地人と朝鮮人で別々に実施し、朝鮮人には通訳をつけることによってようやく参加者を増やしたというように、違いを認めたうえでの対応がなされている点や、「風俗習慣の異なりや、家庭と学校との言語の相違や服装の相違まであげれば、学校としても鮮童自身としても種々の難関があるが、それらを見事突破して日々愉快な学校生活をしてゐる」という説明にみられるように、突破したとはいえ種々の

相違の存在を難関としてとらえている点は、やはり違いをふまえたうえでの対応が必要であることを示していよう。しかし実際には、同校の調査結果からも、完全隔離や完全分散化は不可能で、折衷策つまり「或学年まで分離教育せしめ其後は内地児童と共存せしむる」という案が模索されるが、それも経費や教員の数、そして朝鮮人の諒解の点で困難があり、行詰りの打開策が求められているとしている[26]。

これらの事例は、種々の相違点を認めつつ、それらを乗り越えて友好的な関係が築かれたことを示したものといえ、そのような事例がどのていど日常的であったかは定かではないが、この段階ではまだそうした報道も許されていたことを示していよう。

なお、門司港で朝鮮人購買会が計画されている記事が興味深い。それは、産業組合法に依拠した購買組合の設立を企図したもので、物価高騰による生活困難を打開すべく、500口5千円を目標に、在住朝鮮人のみでなく内地人飯場にも呼びかけているとしている。すでに下関や小倉では警察の監督のもとに認可されており、警察としては、加入金が3年据え置きということで、朝鮮人の移動防止と貯蓄運動並びに社会的信用を得る面で期待し得るということであった（10月20日付）。これらのことを織り交ぜながらの「内地同化」であったということができよう。

その一方11月6日付では、小倉で「半島人生活刷新夜間講習会」が開催される記事が掲載され、また前述の11月9日付の社説では、「朝鮮因習改善」と題して、創氏によって従来の因習が改善されたということのほかに、我らは朝鮮にのみ悪風醜俗ありというのではなく、日本にもあったが、五箇条の御誓文の「旧来ノ陋習ヲ破リ」以降、聖詞を奉体することによって陋習の打破に努めてきたので、朝鮮人も改めるべき因習ありとすれば速やかに改めるべきであるとする。

以上にみてきたところをまとめるならば、1939年という時期は、日本政府

により国策としての志願兵制度や労務動員のための募集制度が導入され、そのための朝鮮人の「内地同化」（＝皇民化）が急速に推し進められていく時期であった。そうした中で、関門地域で発行されていた関門日日新聞は、密航の原因となっている渡航抑止制度を改めるべきとする朝鮮人の投書を載せたり、朝鮮風の上條市場を新版馬関風景の一つとして紹介したり、相互の違いを認めたうえで融和が成り立っている例として向山小学校を紹介するなど、必ずしも一方向に向いていなかったことも確認することができた。しかし全体としては、朝鮮人志願兵の往来や密航とその取締りを報道し、自ら主催者となって「内鮮一体懇談会」を開催し、総督府より塩原学務局長を招聘してその主旨を語らせる。さらに重要な点は、創氏改名に対しては「因習改善」とし改めるべき陋習は改めよと指摘しつつ、風俗習慣までも改善の対象として位置づけ、「内地同化」の方向へ導いていく役割を果たしたのである。

　坂本悠一は門司新報（1917～37年）、福岡日日新聞（1917～39年）、九州日報（1917～39年）における在日朝鮮人関係記事の目録を作成している[27]。本章の関門日日新聞と比較して、事件・密航・団体・時局対応といった面で共通する記事が多い。今後は内容面を比較検討することが必要だろう。

註
1） これまで、新聞記事を利用した在日朝鮮人に関する研究は多いが、それらは特定テーマに関するものであって、時間的・空間的に軸を定めて総体的にとらえようとしたものはなかったように思われる。
2） 戸島昭「大正昭和初期山口県下の新聞紙発行状況」（『山口県文書館研究紀要』第11号、1984年3月）。
3） 宮田節子「志願兵制度の展開とその意義」『朝鮮民衆と「皇民化」政策』（未来社、1985年、第Ⅱ章）。なお宮田は、それに続けて、朝鮮軍当局にとっては、朝鮮人が今日までどうして立派な日本国民になり得なかったのかという問題は、より根源的で切実な問題であったとしている（同書、71頁）。戦場という極限状態にある軍隊と朝鮮総督府の感触の違いを示していて興味深い。
4） 水野直樹『創氏改名―日本の朝鮮支配の中で』（岩波新書、2008年）、42頁。したがって創氏改名以前には、長いあいだ日本風の名前をつけることはできなかった。
5） 外村大『在日朝鮮人社会の歴史学的研究―形成・構造・変容―』（緑蔭書房、

2004年)、32頁。また1928年7月以降は、地元の警察官署により発行される渡航証明書を携帯することとなった(同書、32頁)。
6) 同決定項目は、一、一般内地人ノ啓発、二、内地渡航制限ノ緩和、三、警察上ノ処遇改善、四、勤労管理ノ改善、五、興生事業ノ刷新、六、進学ノ指導、七、就職ノ斡旋、八、移籍ノ途ヲ拓クコトの8項目であった(朴慶植編『在日朝鮮人関係資料集成』第5巻、三一書房、1976年所収)。
7) 岡本真希子「アジア・太平洋戦争末期の在日朝鮮人政策—『大日本帝国』下の『一般処遇改善』をめぐって—」(『在日朝鮮人史研究』第27号、1997年9月)。そこでは、ほかに「移籍」問題や興生事業の「刷新」について検討がなされている。
8) もっとも労働力不足といっても、必ずしも求職者数や紹介者数が多くなっていたわけではなく、中等教育程度の学歴を有するものは少なく、一定の訓練を施したり、恩給生活者の労働市場への誘因によってこのミスマッチを克服できるとされた(「労働力不足の原因を探ねて」『朝鮮及満洲』1939年12月、67頁)。
9) 外村大『朝鮮人強制連行』(岩波新書、2012年)、19、42頁。
10) 宮地英敏「戦時期の日本における朝鮮人労働者についての再検討」(『福岡地方史研究』(54)、2016年9月)。どのくらいの人数の朝鮮人が複数回動員されたかは確かではない。
11) 「内地渡航朝鮮人労働者と昭和館」(朝鮮総督府『朝鮮』1928年7月)、135頁。
12) 「内務局長挨拶」(朝鮮総督府『朝鮮』1928年11月)、152〜153頁。
13) 外村大、前掲『在日朝鮮人社会の歴史的研究—形成・構造・変容—』、69頁。
14) 樋口雄一『協和会　戦時下朝鮮人統制組織の研究—形成・構造・変容—』(社会評論社、1986年)を参照のこと。
15) 「中央協和会創立披露　理事長挨拶」(『朝鮮』1939年8月)、119頁。
16) 「好成績の本県関係内地在住志願者」(『山口県社会時報』1942年1・2月合併号、47頁)。
17) 1940年3月9日付の朴基乙生の再反論投書の内容は以下の通りであった。
「読者の領分：鮮人の渡航証明に対する抗議」
昔丁んまげ時代に日本国内の要所要所に「関所」なるものが設けられてあつた事を吾々は教つた。そして、現今に於ては関所なる存在は映画や昔話以外には必要の無きものであると思ふ。然るに皇紀二千六百年を迎へた今日に「関所」なる無用の長物が「内鮮一体の進路」に横たわつてゐる、「内地渡航証明書」は昔日の手形であり「密航鮮人」とは昔日の関所破りであるらしい。半島出身者を外国人のやうに考へる日本人は一人もゐない筈だ！半島出身者は皆　陛下の赤子である、畏れ多くも天皇陛下のまします内地へ渡航するのに何故「半島出身者に限り」渡来証明が必要なのか？吾等は解するに苦しむ。靖国神社に半島出身者が祀られた事実すらある今日だ。半島出身者に内地渡来の理由が与へられぬ事は八紘一宇の大理想に反すると思ふ。当局は筆者の苦言？を一匹の蛾が泣く声と思ふ事なく半島出身者が内鮮一体を目指して叫ぶ愛国の熱誠である

ことを痛感すべきではなからうか

内鮮一体政策、八紘一宇の大理想に反するもので、証明書の撤廃をより強い調子で求めたものといえる。これを掲載した新聞社も勇気がいったと思われるが、あくまで政策上の矛盾点を衝いたもので、のちに変更されるように、当局も受け入れざるを得ない事案であったといえよう。

18)「下関市東和会創立大会」(『馬関毎日新聞』1935年7月26日付)。
19) 『関門日報』の1942年5月21日、5月24日付「侍従御差遣の光栄を語る」と、薬師寺館長の転任に関する1942年6月28日・29日付『関門日報』の記事は例外的である。
20)「内鮮一体」については、南次郎総督が日中戦争直後より言い始めたことばであり(それまでは「日満一体」「鮮満一如」)、時局の重大性を周知徹底し、挙国一致でこれにあたるため提唱されたものであった(1937年7月15日の「臨時道知事会議」における「訓示」『朝鮮』1937年8月号、108頁)。
21) 塩原学務局長に関しては、10月下旬の東上で下関に立ち寄った際にインタビューし、朝鮮では、「南政治の根本方針である内鮮一体化も皇国臣民の誓詞の徹底と共に着々と実績あがり現代では思想的にも殆んど異分子はなくなつてゐる殊に頑固な全鮮三百の儒林でさへも皇道臣民化運動に参加する程」と語らせている(「皇国臣民の誓詞全鮮に徹底す 塩原学務局長東上」『関門日日新聞』1939年10月24日付)。
22) 1942年2月3日に起きた長生炭坑の浸水事故については、「長生炭坑浸水」として「宇部市外西岐波村長生炭坑では三日午前九時半ころ坑口から約□□米の坑内に浸水したので炭礦側では直ちに応急措置を講じ入坑者の救助並びに排水作業に集力中であるが詳細取調中である」(『関門日報』1942年2月5日付)と簡単にふれるだけであり、その後に続報も出たが(「長生炭坑罹災者御救恤金伝達式」同紙、1942年2月22日付)、朝鮮人被災者に関しては触れられていない。長生炭鉱の水非常を歴史に刻む会の『証言・資料集[3]アボジは海の底──「刻む会」発足25年特集─』(2017年2月)によれば、犠牲者183人中、朝鮮人は136人であったという(1頁)。なお、長生炭鉱に関する研究としては、長澤秀「山口県・長生炭鉱㈱と朝鮮人強制連行─会社側文書を中心に─」『海峡』16、1992年12月を参照のこと。
23)「新版馬関風景」は第1回が赤間神宮で、第15回の最後は住吉神社と、下関市内の名所旧跡が並んだものであった。
24) この所在地は、関門鉄道トンネルの開通(1942年)にあわせて下関駅が竹崎町に移転し、駅へ至る線路数百メートルが高架化された地区であり、それにあわせて閉鎖されたと筆者は考えている。なお、朝鮮銀行下関支店員が1942年1月の同行『業務情報』(創刊号)に寄稿した調査報告によると、下関市西部に位置するところに大西市場(異名「朝鮮市場」)というのがあって、明太魚が売り捌かれており、そこを中心に「半島一般小売商人が集合し(中略)、半島人の物質欲を満たしてゐる」とある(下関支店「下関在住半島人の活動状況」朝鮮銀行京城総裁席調査課『内地、支那各地在住の半島人の活動状況に関する調書』1942年7月、5頁)。市内

にいくつかの朝鮮市場が消えては現れしていたものとみられる。なお、下関における明太子の歴史については、今西一・中谷三男共著『明太子開発史　そのルーツを探る』(成山堂書店、2008年)を参照のこと。
25) 小沢有作編『近代民衆の記録10　在日朝鮮人』(新人物往来社、1978年)、328〜337頁。
26) 同上、336頁。
27) 「九州在住朝鮮人関係新聞記事目録」(その1〜4)(『九州国際大学社会文化研究所紀要』第43号、1999年3月、第44号、1999年7月、第45号、1999年11月、第47号、2000年11月)。

第4章

「座談会:福岡県下在住朝鮮人の動向に就て」にみる朝鮮人観

【扉の写真】
福岡県下在住朝鮮人の動向に関する座談会表紙(滋賀県立大学図書情報センター朴慶植文庫所蔵)

第4章　「座談会：福岡県下在住朝鮮人の動向に就て」にみる朝鮮人観

　本章では、1939年6月に中央協和会が設立される直前に、福岡県で開催された在住朝鮮人をめぐる座談会に着目し、そこでの出席者の発言を細かく吟味し、この時期の在日朝鮮人認識がどのようなものであったかを明らかにすることを課題とする。

　ここで取り上げる資料「福岡県下在住朝鮮人の動向に就て」（福岡地方裁判所・同検事局）は、司法省調査部が1938年11月から43年7月まで、全部で41号刊行した『世態調査資料』の第26号（全59頁、1939年9月刊）にあたるもので[1]、1939年3月に、県内の朝鮮人に関わる仕事に従事し、「豊富な知識と経験をもつ」人たちを福岡地方裁判所に集め（その際の人選は後藤吉五郎特高課長が行った。水田検事正談1頁、以下頁数は同書による）、そこで出された意見を収録したものである[2]。

　出席者は以下の通りであり、特高警察、県社会課、県社会事業協会、協和会館、雇用企業、農会、古物商組合、小学校関係者で構成され、進行役は検事局検事正の水田正之が担当した。

出席者

福岡県特高課長	後藤　吉五郎
同　　　警部	河野　小次郎
同　　　警部補	西依　喜造
八幡警察署特高係巡査部長	田島　廿
福岡県社会課	熊谷　治生
県社会事業協会主事	進藤　政太郎
八幡協和会館長	木戸　重光
麻生商店労務係長	大森　林太郎
八幡製鉄所構内運搬請負業共済組合	山内　鹿郎
若松仲仕小頭組合長	玉井　金五郎
遠賀郡農会主事	向坊　熊壽

糸島郡古物商組合長	吉積　末吉
西小倉小学校	清川　守雄
貝島鉱業所大ノ浦出張所（ママ）	羽田野　重徳
産業セメント鉄道株式会社	岩代　實政
福岡地方裁判所	所長・部長・判事・検事29名

　また検討項目は以下の8項目で、在住朝鮮人の移動・稼働状況、同化に関連する生活習慣や教育言語問題、そして政治思想動向が中心であったことがうかがえる。けっきょく、1939年6月に中央協和会を発足させ、協和会体制のもとで「内地同化」政策を推進していこうとする直前の段階で、そうした政策への転換と実際の現場の状況とのすりあわせを行おうとしたものと考えられる。

第一　移動（不正渡来を含む）分布状況並内地渡航に対する取締方針
第二　稼働状況、職業別、失業者の有無、賃銀収入等
第三　生活、資産状況、住居、服装、習慣、貯蓄の問題等
第四　教育宗教の状況、鮮童の内鮮共学、内地語習得及内地同化の問題等
第五　思想傾向、社会運動の状況
第六　時局認識並時局協力（献金、出征遺家族救援、防諜等）の状況及志願兵制度に対する動向等
第七　政治運動の概況
第八　内鮮融和事業の現況及之が指導方針等

　以下、上記の第一から第八の項目を、1．朝鮮人労働者の移動・稼働状況、2．生活・教育問題等、3．思想政治動向及時局認識に分類し、それぞれの部署における朝鮮人認識と対応策がいかなるものであったか、そしてそれが全体的施策とその後の方針にどのようにつながっていくのかについて検討

していこう。
　なお、このころの福岡県における朝鮮人は、1938年末では60,105人（全国第5位）、37年末の50,565人に比して1万人増加しており、県内上位地域は八幡に8,936人、飯塚に8,528人、直方に5,884人、門司に5,652人いたという。その職業は炭坑夫7,800人、仲仕3,570人、土工夫3,100人、農業労働者2,800人といった「下級労働」に従事する者たちであり、失業者は5、60名に過ぎなかったという（後藤発言2、14頁、河野発言5～6頁）。そこでの賃金は、1カ月全部働いた場合、坑夫は最高月収130円・日収5円、最低月収80円・日収2円50銭、仲仕は最高月収120円・日収4円、最低月収60円・日収2円、自由労働者は最高月収100円・日収3円50銭、最低月収45円・日収1円50銭で、内地人に比して幾分安い処はあるかもしれないが、大体同様であったとある（後藤発言14頁）[3]。

1．朝鮮人労働者の移動・稼働

　冒頭に朝鮮人労働者の移動・稼働問題を取り上げているのは、日中戦争の長期化にともなう労務動員政策実施直前の段階で、いかにその移動を減らし稼働率を高めるかが喫緊の課題となっていたことが理由にあげられよう[4]。
　まず朝鮮人労働者の移動に関しては、後藤吉五郎福岡県特高課長が口火を切る形で、内地人労働者の払底の結果、朝鮮人労働者が増加してきているという上記のような福岡県在住朝鮮人の一般的動向を述べたのに続いて、「大体朝鮮人は本質的に移動性を持つて居り、一定の所に永く居住し一定の職業に従事することは少ない（2頁）」と断言する[5]。そして、わずかな賃金の差によって九州から北海道まで移動したり、働きよいか悪いかとか、危険性が高いかどうかで移動するとする。朝鮮人の内地人化という協和運動を進めて行くうえで、この移動性の多いということが非常な障害になっているので、この移動性を少なくし、定着性を持たせることが最も根本でなければならな

いとする。内地渡航は原則認めていないが、それは朝鮮人自身の幸福のためであり（既存朝鮮人の職を奪ったり、新規朝鮮人が就職口がないのに渡航して路頭に迷ったりすることを防ぐ意味で）、また朝鮮内（とくに「北鮮地方」）での労働力不足のためそうしているにもかかわらず、密航などの手段によりやってくるという（3～4頁）[6]。

具体的現場の事例としては、麻生商店労務係の大森林太郎によれば、独身者が3割5分にのぼり、これが非常に移動性をもっているとする。1カ月未満に30％くらい、2カ月で60～70％、総じて嘉穂郡の3千人のうち4割が移動性をもつという。そして、素質の良いものを入れ悪いものを送還するというような姑息的一時的な方法ではなく、国家施設として充分な内鮮融和ということを取りはからって然るべきだとする（8頁）[7]。

農業方面においても、1938年に116人を迎えた遠賀郡農会の向坊熊壽主事によれば、「鮮人の移動性の多いと云ふことは特高課長の御話の通り」であるとし、とくに事変以降、農業労働力不足が深刻であり、総督府からの派遣もやっているが、半数くらいは帰るとかあるいは他の方へ行くという状態であるという（10～11頁）[8]。

これに対して貝島鉱業所大之浦出張所の羽田野重徳は、山（鞍手郡笠松村大字四郎丸）の7割は土着の朝鮮人（299戸、1千人以上）で、1923、24年頃から露天採掘に使っていて「鮮人村」ができており、最初の朝鮮人を指導した内地人指導者に非常に優良な人を得たので成績が挙がり漸次内地化したため、傍には移動しないという状態になっているとする（12頁）[9]。

次に稼働という面については、後藤特高課長は、一般的に「内地人に比較して勤労奉仕と云ふ観念が欠けて居りまして、作業能率が非常に悪い」とし、その原因として、朝鮮における昔の長い圧制政治の結果、朝鮮人が少しでも金を貯めると取り上げられるので、一日働いて三日食えるだけの収入があると後の二日は遊んで暮らすという風習によるものであるとする。それで軍需景気のため賃金が上がった結果、かえって稼働状況が悪くなり、一番悪い例

第4章　「座談会：福岡県下在住朝鮮人の動向に就て」にみる朝鮮人観

は門司・若松等の沖仲仕であるという。その解決策として、県の社会課が主となり協和事業を進めており、「之を中心として勤労奉仕の精神を養成する、そして稼働率を上げると云ふ風に、協和事業を進めて行く事が必要」と述べる（13～14頁）[10]。

　具体的事例としては、製鉄所関係に約5千人の朝鮮人を擁する八幡製鉄所の構内運搬請負業共済組合（2,600人の朝鮮人）の山内鹿郎は、「総括しては大体において怠惰である」とし、棒方と呼ばれる荷揚げ人足が最高で日給5円だが、その日に10円とると残りは遊んで食い、「その事が鮮人仲間に伝つて悪い風習ができる」という。またよく働く人で月24、5日だが、悪い人になると4、5日だけという状態で、平均すると1カ月14、5日～20日で、月収は30乃至40円で、これを改善するには相当統制ある処置が必要だとする。なお労力面では、棒方をするときは200斤位のものを担ぎ、1尺あまりの「歩み板」の上を走って行くので内地人は及ばず、仕事の差はあるが、賃金の差は内鮮人間には大体においてないという（15～18頁）[11]。

　産業セメント鉄道株式会社の岩代実政によれば、朝鮮人労働者を350人ばかり採石や原石の運搬といった「原始的労働」に使っており、智能的労働は不適当のようであるとする。そして採石・運搬は強い力を要する屋外労働で、酷暑・酷寒・雨にも堪えなければならないが、朝鮮人労働者は体力も強いし、重いものの運搬も内地人は及ばないという。その場合、工程払い即ち稼働高払いとなっているので非常によく働き、出勤率も高く、男は最高5円20銭、最低1円60銭、平均2円60銭位で女はこの6割になり、とくに夫婦共稼ぎを歓迎しているという。稼働の熱意については、内地に来て間もない者或は農村に居た者とか一つの事業経営内において工程払いをやっていた者は非常に良いとし、これに対して自由的労働や都会から転入して来た者は勤労思想に欠けるとする。移動性のある労働者が口は立ち種々理屈を言って非常に悪い事を教えているという（21～23頁）[12]。

　けっきょく、多くのところで朝鮮人労働者は移動性が激しく、稼働率も悪

いと位置づけ、それがあたかも朝鮮人の本質的なものであるかのごとく決めつけ、しかし内地人に比して力も強く悪条件でもよく耐えるので、計画的雇用政策の下で指導者がしっかりと「内地同化」を進めていけば、良好な結果が得られるとするのである。

2．生活・教育問題等

　ここでは「内地同化」に関して、衣食住その他の生活習慣の問題を取り上げており、福岡県社会事業協会主事の進藤政太郎が口火を切っている[13]。進藤によれば、「生活」水準は極めて低級で、「資産」はいうべきほどのものはなく、「住居」は至って粗末であって、都市では密住し田舎では分散的に住んでいるという。「服装」は男子は内地人と同様の洋服であるが、女子は概して朝鮮そのままの服装が多く、その理由は女子の座り方があぐらをかいたようなもの（立膝）であり、日本の婦人服が改正されない限り朝鮮人には不適当だとする[14]。「習慣」に関しては、履物の脱ぎ方ひとつとっても向き方に相違があるように、内地人の生活と朝鮮人の生活には習慣的に非常な相違があるとし、しかし「内地に来た以上は、内地の習慣を習ふと云ふことでなければ本当の内地人との一心同体の生活は出来ないからと云つて極力進めて居る」が、長い間の習慣であるのでこれを打破するのはなかなか困難であるとしている。最後に「貯蓄」に関しては、勤労に対する正しい認識、正しい心構えがないため、大した貯蓄心はないという（23～25頁）。永い間の習慣を打破するのはなかなか難しいが、内地の習慣を習うことがぜひとも必要だというのである。

　その一方、「貯蓄」の事例として、進藤はこれは特例だとしつつも、古物商をして何十万という金を持って朝鮮に帰った者もあったとする（26頁）[15]。八幡協和会館長の木戸重光は、協和館在住者6家族のうち、職工を16、7年やった者が貯蓄をし郷里に土地を300町歩買い入れたこと、人参エキスの仕

第4章 「座談会：福岡県下在住朝鮮人の動向に就て」にみる朝鮮人観　117

事で5万円貯めた者がいたことなどをあげる（26頁）[16]。内地の習慣を取り入れたらもっと貯金が増えるということであろうか。

　住宅問題としては、特高課警部の河野小次郎によれば、大部分は借家であって、それも「鮮人と云へば頭から問題にせず、如何に徳望のある人でも鮮人と云ふ丈で一言の下にはねつけられる」ということで、内地の人に頼んで家を借るという。さらに小さい家に家主に断りなく三家族も四家族も入り、品物がなくなるとか衛生状態が悪くなるとかで近所近辺にも迷惑をかけるとする（27頁）。一つ家にどしどし集まるのはどういう訳かという水田検事正の問いに、進藤は「他郷に出て来て居るからで人間の自然性でせう」とし、麻生商店の大森は、雑居する、同居するのは自然の習慣であるとしているのに対して、河野特高警部は「借りる家がないからだ」と答え、木戸は内地人の生活の中に入って暮らすのを嫌うからだとしている（28頁）[17]。河野の見解は卓越しているが、ほかは何が原因で何が結果であるのかを正確に把握するのではなく、要するに偏見に満ちた位置づけであり、「内地同化」政策の推進のためそちらへ誘導しようという意図を認めることができよう。

　雇用現場での住居問題について、彼らの気性に適するよう実行しているようなことはないかという水田検事正の問いに対し、麻生商店の大森は、住宅改善をやる計画で、独身者は合宿であるが、家族持ちは従来の長屋から二室の社宅にする予定だという。オンドルに関しては内地は必要がほとんどなく、また土間にすると梅雨時や夏は非常に困るとする（29～30頁）。後藤は「県の方針としては、朝鮮人独特の趣向に合ふ様なやり方はやらせないと云ふ様な方針で行き度い」といい（30頁）、さらに進藤は「オンドル生活と云ふ様なものが、朝鮮人をして今日の様に堕落せしめた一つの大きい原因ではないか」とする（30頁）。オンドルに対しては朝鮮駐箚第八師団の調査でも、風土の要求に適した妙装置であると称賛されているにもかかわらず[18]、このような評価が出されているのは、何としても朝鮮人の高い文化というものを認めたくないという表れであるといえる。

朝鮮人を内地に同化ないしは追随させる方法の一つとして、食物の問題などについて考慮する必要がありはしないか、彼らの希望するような食物（たとえばにんにく）を選択して早く同化せしめてはどうかという水田検事正の問いに対しては、後藤は彼らににんにくをやめさせることは無理だろうが、彼らがにんにくを食うために嫌われるとすれば、内地人がそれに慣れないのであれば仕方がない、県の方針としてはやはりそういうこともやめさせて内地人同様にやらせたいとしている（31頁）。これに対して吉積末吉古物商組合長は、にんにくは朝鮮人にとって一種の薬のようなものだとし（31頁）、麻生商店の大森は粗食で粟だけということもあり、それに赤い胡椒と味噌を刺激物として食し、にんにくを栄養物や味付けとして補っているとする（31頁）。そういう一定の理解を示す発言をはさみつつも、けっきょく八幡製鉄所共済組合の山内の、1,300人の職夫アパートに少し朝鮮人を入れており、内地人同様のものを食べさせているが、体力など何ら低下していないので、県のような方針で指導すれば食物の問題も自然改良されるのではないか、という意見で締めくくるのである（32頁）[19]。

　教育問題については、清川守雄西小倉小学校長によれば、朝鮮の人たちは一般に向学心があり、子どもは男子も女子もほとんど就学させており、言語の不備があるにもかかわらず成績は悪くないが、中等学校に上げる者は少ないという（33～34頁）。麻生商店の大森によれば、同店の労働者は、普通学校卒が6.8%、まったく行っていない者が85.9%でいかに労働者が無教育かがわかるとし、児童の就学率は矯風会の調べでは、60%が就学しているが40%はしておらず、その原因は親の移動が多いのと年齢が超過しているためだとする（34頁）[20]。また、市内の16の小学校のうち7校に平均50人ずつ朝鮮人が就学しているが、大体純で明るく、鷹揚でせせこましいところがなく、子供同士のあいだには大人にみるような因襲的な差別感が少しもないとする（36頁）。貝島の羽田野によれば、私立小学校があるので児童の就学率は非常によいという（34～35頁）。河野特高警部によると、無学文盲が80%弱、小学校卒業程

第4章 「座談会：福岡県下在住朝鮮人の動向に就て」にみる朝鮮人観   119

度が20％弱、中等学校程度は0.8％、高専以上はほとんど数字には出ないという（38頁）。「内鮮人の共学」はほとんど実行されているとし（参加者一同）、内地の子供と一緒にやって何ら手足纏いになることはなく、内地の子供と差別する傾向はないとする（進藤、36頁）。八幡協和会館長の木戸は、内地語は子供の内からやっている者は非常に覚えやすいが、大きい者は相当困難という（38頁）。清川は、二千万同胞がどう動くかということには子供の教育が大なる問題であるとし、卒業するまで朝鮮人であることを誰にも知らせず卒業させたというような例も持ち出し、同化教育を推進しているとする（37頁）。[21]

　宗教関係は、麻生商店と産業セメント鉄道の朝鮮人労働者はほとんど無宗教であるといい、八幡製鉄所では大部分儒教をやっており、キリスト教も何人かいるが、内地の宗教を信仰している者はいないという（35～36頁）。産業セメント鉄道では、昨年10月頃より神棚を作り天照皇大神のお守りを安置し必ず朝夕奉拝するよう啓蒙したので、神というものに対する認識ができてきたという（36頁）。[22]

　名前に関しては、後藤特高課長によれば、現在は朝鮮人を同化したいというにかかわらず、内地人と朝鮮人と名前によって一見して分かるような状態にしておかないといろいろ不便があるというのが国策のようであるとし、河野特高警部は姓名の名のみは内地名でもよくなったが、姓を内地らしくすること及び本籍を内地に移すことは絶対できないとし、何某コト何某と両方の名前を書くことが必要とする（37～38頁）。[23]「内鮮一体」の矛盾を暴露するものといえるが、創氏改名以降も「朝鮮生れ」などの表現が継続していったことはよく知られたところである。

　内鮮人結婚については、進藤社協主事によれば、朝鮮人の文化の程度というようなものを引き上げていくことが先決問題とし、木戸協和会館長は内地の女子と朝鮮の男子とはよく結婚するといい、吉積古物商組合長は内地人を家内に持つのを誇りにしている者もあるという。麻生商店の大森はしかし現在では内地人を妻に持ちたくともできないとし、産業セメントの岩代は自分

のところに内鮮人結婚は5、6人あり、「さう云ふ鮮人は自分では内地に同化したと云つた様な気持ち」をもち、「何となく自分から鮮人に近づくことを嫌ふ」傾向があるが、我々の方から督励して朝鮮人の嫁になることを奨めるというていどにはなっていないという（39〜40頁）。[24]

　その他の朝鮮人の特性として、岩代は「疑深い或は理解がない」とし、「久しい間お互を見た上で相手の気持ちを確かめる」ようであるとし、木戸は朝鮮人の子供に「内地がよいか朝鮮がよいか」と尋ねたら、「朝鮮がいゝ卒業したら朝鮮に帰る」と答えたので、次世代には内地に同化できると思っていたが危ぶまねばならぬ、従来ひそかに抱いていた危惧の念を一層強くしたとする。また同じ朝鮮人同士でありながら、「何かお前、朝鮮人が！」と、「朝鮮人」ということを一つの侮蔑言語として使っているという（41〜42頁）。後藤によれば、一番嫌がるのは「鮮人」、次が「朝鮮人」で、「半島同胞」はそれほどでもなく、記事に出す場合、朝鮮と露骨に書かず、咸鏡北道と書けばよいといい、羽田野は「朝鮮の人」とか「半島の人」というように、「の」を入れればよいとする。岩代は初めのうち打ち解けないのは内地人が蔑視観念をもっているからとする（42〜43頁）。[25]

　長い間の習慣を直ちに変更するのは難しいとしつつ、かつまったく同一化することにも懸念を示しつつも、最初から蔑視観念を持ったり、差別的呼称を露骨に使うことを避けながら、その服装、貯蓄心や住宅・住居、食物などにおいて、「内地に来た以上は、内地の習慣を習ふと云ふことでなければ本当の内地人との一心同体の生活は出来ない」として、朝鮮の習慣を改造することを求める。[26] そして子供の同化教育や神棚設置・奉拝を徹底して行っていこうとするのである。

3．思想政治動向及び時局認識

　この間の朝鮮人の思想動向や政治運動、そして時局認識については、まず

第4章　「座談会：福岡県下在住朝鮮人の動向に就て」にみる朝鮮人観　121

　後藤特高課長によれば、朝鮮人は労働者が多いので、頭脳のていどが低く思想運動や社会運動はほとんどないとし、きわめて例外的に民族運動に引っかかった者がおり、また労働運動は、一昨年は3件、昨年は7件で30名ていどにとどまったとする。河野特高課警部も、最近は思想運動はほとんどなくなったとする（43頁）。木戸協和会館長は、民族運動等はほとんど眼中にないといえるが、真底からそういう考えかどうかは疑問であるとし、田島特高係巡査部長は民族的意識を抱いている者は知識階級にはいくらかあり、時折「朝鮮祖国」というような気持ちが片鱗にうかがわれることがあるが、表面化した言動はほとんどないとする（44〜45頁）。日本国家への包摂につき一定の成果をあげているとしつつも、真底からそう考えているかについては疑問視している様子がうかがえよう。

　政治運動に関しては、西依喜造特高警部補は、1932年の朴春琴の代議士当選が大きな刺激になり、合法的な形で選挙権を利用して朝鮮人の生活を向上させようというものが非常に多くなったとする。そして、1933年4月の町村会議員選挙には16名の立候補者を出し、3名が当選したという。1934年の門司、若松の市会議員選挙の際には東京から朴春琴が応援演説に来て若松で当選者を出したという。そのときの運動状況は、民族的気持ちを多分に含んだ文書あるいは演説によって同志の結束を図って当選しようとしたと分析する（49〜50頁）。羽田野は、鞍手郡笠松村の村会議員の場合は、朝鮮人集団部落より1人は出ておった方がよかろうということで、自分が薦めて出させて当選したもので、ことさらに反対意見を出すということではなく、村のいろいろなこと、たとえば出征軍人遺家族慰問などを一手に引き受けてやっているという（51頁）。議員への進出は、下からの生活向上などの要望を実現する側面と、上からの指示を伝える側面の両面をあわせ持つ性格であったといえるが、推進者においてはそうした朝鮮人の複雑な状況を認識するすべはまったく持ち合わせていなかったのである。

　時局認識や行動については、河野は「支那事変」を契機として、国防献金

などが非常に起り、思想も相当好転したが、本当に日本の有難さを知っているかどうかは疑問で、利己主義・事大主義から日本についているだけだとし（43〜44頁）、後藤も、献金も多く、志願兵にも福岡県から16名応募し1名採用となったが、事大主義的傾向を多分にもっており日本意識に目覚めているかどうかは相当疑問であるとする（45〜46頁）。古物商組合長の吉積も、献金もしているが、遺家族に対し家業の加勢に出かける者はおらず、時局認識も未だ十分ではないという（47頁）。これに対し貝島鉱業所の羽田野は、献金とか出征遺家族慰問は内地人に比して非常に多く、それはもっぱら徴兵制度が朝鮮人には施かれておらず、御国にご奉公できないという考えからであるが、志願兵に志願する者はこれまでいないという。そしてそうした行動を引き出すのは幹部の指導如何によるという（46〜47頁）。産業セメントの岩代は全部の者が国防献金をしたが、それは指導者が献金を呼びかけ、それにみんなが賛成して行ったのであり、羽田野も指導者の指導如何によって一般朝鮮人が団体的に動いているとする（48〜49頁）。やはり疑心暗鬼的側面を表出しており、それを解決するのが指導者の存在であるとする。

　以上のような現状報告をふまえ、県社会事業協会主事の進藤は、朝鮮人に対する今後の方針を提示する。その際、まずこれまでの「融和事業」のやり方について解説している。それによると、これまでは融和事業という程のものではなく、ただ警察の側において警察の取締を通じて朝鮮人を指導していく、善導していくというものであり、いわば「朝鮮の人、それから内地の人、それがどちらからも歩み寄つて、朝鮮の人でもなければ内地の人でもないと云ふ様な結果になつて了ふと云ふ様な嫌いがあつた」、「懐柔政策と云つた様なやり方」だったという（52〜53頁）。

　こうした懐柔政策ではいけない、もう少し力強い政策を加えていくことが必要で、恩威並び行われるようなやり方でなくてはならないとして、1937年度以降（実際は1936年度の予算化措置による各府県における協和会の設置以降であろう）、「融和」ということから「同化」ということに進み、協和事業に積極

的に乗り出していくようになった。それは、歩み寄りではなく朝鮮の人たちを立派な日本人に為すというものである。そして県の社会事業協会が協和事業を担任し、いろいろなことを計画し実施していったとする。たとえば、年に1回中堅人物つまり朝鮮人指導者として有力な人物を40～50人集め泊まり込みの講習会を行うとか、年に4カ所ずつ男女各40～50人の2学級からなる夜間学校を1カ月間開いたりする。また、融和会あるいは懇談会といった朝鮮人親睦団体を解消し、本当に朝鮮人の保護教化指導という方面に適する組織に改組する計画を立て、特高課の積極的なお膳立てを得つつ、改組が半分ばかり進んだという。それは、一警察署ごとに一団体とし、名称は署の名前を付して「福岡矯風会」や「箱崎矯風会」とし、福岡全部の朝鮮人をもって会員とし、役員は従来はほとんど朝鮮出身者であったものを、警察署長を会長とし、市町村長あるいはこれに準じる人を顧問とし、幹事には社会課長、署の高等主任をあて、その下に内地人・朝鮮人のうち適当な人を指導員として実際生活を指導していく役割を持たせ、さらにその下にそれらの指導を助けるすべて朝鮮人からなる補導員を置くというものであった。また会費は、従来は朝鮮人から徴収していたのを、今回は一切徴収せず、県なり市町村から支出するほか、篤志家からの寄附金に依存するというように変更したという。

　さらにそこでの指導のあり方は、矯風会の指導員を訓練し、中堅婦人の養成を行い、これを漸次全体に及ぼして精神の作興を行い、ついで生活改善に関する事項、犯罪防止に関する事項など項目別に具体的方法を定めるとした（53～54頁）。ほとんど1939年後半以降の、中央協和会のもとでの全国的協和会体制の内容を体現するものであったといえる。[34]

　以上の座談会での発言から、福岡県において在日朝鮮人に関わる仕事についていた人びとの朝鮮人認識をまとめると以下のようになるだろう。
　すなわち、朝鮮人労働者は、多くの職種で移動性が激しく、稼働率も悪いと位置づけ、それがあたかも朝鮮人の本質的なものであるかのごとく決めつ

ける。しかし内地人に比して力も強く悪条件でもよく耐えるので、計画的雇用政策のもとで指導者がしっかりと「内地同化」を進めていけば、良好な結果が得られるとする。

　衣食住などの生活や習慣に関しては、長い間培われてきたものを直ちに変更するのは難しいとしつつ、かつまったく同一化することにも懸念を示しつつも、最初から蔑視観念をもったり、差別的呼称を露骨に使うことを避けながら、その服装、貯蓄心や住宅・住居、食物などにおいて、「内地に来た以上は、内地の習慣を習ふと云ふことでなければ本当の内地人との一心同体の生活は出来ない」として、朝鮮の習慣を改造することを求める。そして子供の同化教育や神棚設置・奉拝を徹底して行っていこうとする。

　思想・政治運動や時局認識については、みるべき運動はほとんど消滅し、日本への包摂につき一定の成果をあげているとしつつ、真底からそうであるかというと疑わしいとし、それを解決するのが指導者の指導如何であるとする。

　以上のような座談会を経ることによって、在日朝鮮人の現状をステレオタイプに描き、それを改造し、時局に対応できるようにするため、内鮮一体、「内地同化」をいっそう徹底させていこうとしたことをうかがうことができよう。それは、既存の大阪府などでの「先進」事例を踏襲したものであったり、あるいは来るべき中央協和会体制の先取り的なものであったということもできよう。それを誘導していったのが特高警察であり、県の社会事業協会であり、さらには企業の労務係や諸団体の長、そしてそれに追随する朝鮮人指導層であったのである。

註
1）　第1号の「とびら」には、「産業にしても取引の実際にしても夫々の地方に適した各種各様のものが自然に生れて来る。それ等の事情に通ずることは裁判検察の実務を執る上に於て極めて必要なこと」であろうし、また最近、二、三の裁判所において興味ある座談会が開かれ、その要領の筆記がまとまったということでこのよう

な冊子を刊行することになったと記されている。第41号のみは司法省秘書課刊となっており、全体として産業経済関係が主で、朝鮮関係は本号のみである。
2）　本資料については、朴慶植編『在日朝鮮人関係資料集成』第4巻（三一書房、1975年）に収録され、金光烈『足で見た筑豊　朝鮮人炭鉱労働の記録』（明石書店、2004年）や、趙景達『植民地期朝鮮の知識人と民衆』（有志舎、2008年）で断片的に引用されているが、全体的な考察や体系だった位置づけはなされていない。
3）　福岡県における在日朝鮮人の動向については、坂本悠一「福岡県における朝鮮人移民社会の成立―戦間期の北九州工業地帯を中心に」（『青丘学術論集』第13集、1998年11月）を参照のこと。朝鮮人労働者の賃金格差の存在については、市原博『炭鉱の労働社会史』（多賀出版、1997年）における北海道の事例を、またその深層面での格差については、西成田豊『在日朝鮮人の「世界」と「帝国」国家』（東京大学出版会、1997年）を参照のこと。
4）　労務動員による朝鮮人労働者の渡航については、1939年11月の新聞記事であいついで報道されている（拙稿「1939年の在日朝鮮人―関門日日新聞にみる下関地域の動向―」下関市立大学附属地域共創センター『地域共創センター年報』Vol.7、2014年8月）。
5）　後藤は「朝鮮人は本質的に移動性を持つて居る」としているが、朝鮮の労働市場が開けたのはつい数十年前であり、開港直後の時期についてみた日本側資料でもそのような記述は見当たらない（拙稿「開港から併合直後における朝鮮人労働者」高秉雲編著『朝鮮史の諸相』雄山閣出版、1999年参照）。この問題がことさらに取りざたされるようになるのは、1930年代に入ってからではないだろうか（宣在彦「植民地期朝鮮における雇用制度―労働政策・労務管理と朝鮮人労働者―」『日本植民地研究』第10号、1998年）。なお、働きよく危険性が少ない職場に移動しようとするのは、当然の行動といえよう。
6）　この時期の渡航抑制政策については、福井譲「渡航阻止制度から地元論止制度へ―一九二〇年代後半の渡航管理政策」（『在日朝鮮人史研究』No.45、2015年）を参照。「密航」については、前掲拙稿「1939年の在日朝鮮人―関門日日新聞にみる下関地域の動向―」を参照のこと。とくに日中全面戦争以降、取締りが厳しくなったといえるが、それは総力戦体制への移行にともない、労働力の計画的配置政策の一環に朝鮮人労働力も位置づけようとしたことによっていたと考えられる。この間の摘発数の増加はそのことをよく示していよう（1934年2,297人、1938年4,357人、1939年7,400人、樋口雄一『協和会　戦時下朝鮮人統制組織の研究』社会評論社、1986年、246頁より。原点は内務省『社会運動の状況』各年）。
7）　密航に対する厳しい取締りの一方で、一般の朝鮮人や妻子の渡航については、寛大であった（3頁）。それは、以上に示す移動の減少や稼働率の向上には、家族形態の方が効果的と考えられたからであろう。
8）　ここでの事例は遠賀郡のものであり、工業地のほうが賃金が高いためそちらに流れる傾向があること、住居は分散型であるため内地化しやすい点を指摘している。

日本の農村で農業に従事する朝鮮人については、古くは山口県での調査事例についての川野重任「山口県下に於ける鮮農の定着過程」(『農業経済研究』第16巻第1号、1940年3月)があり、また近年では、安岡健一『他者たちの農業史　在日朝鮮人・疎開者・開拓農民・海外移民』(京都大学学術出版会、2014年)で、在日朝鮮人農業従事者の戦時・戦後についてふれている。

9) 移動が少ない背景に内地化があったとするのは、内地人指導者に人を得たからだとする。内地人指導者俵口和一郎は徹底的に内地化を進め、それによって朝鮮人側も感謝し、その結果彼が去る際に、「頌徳碑」(1929年)が建てられたという (1935年には会社に対する「謝恩碑」も改めて建てられている)。俵口は福岡県鞍手郡笠松村大字四郎丸の満之浦炭砿 (のち大之浦鉱業所飯倉七坑で露天掘りであった) の坑長であり、夜学校などを設置して朝鮮人に日本語を教え、「融和善導」に努めたという。この碑建立に対して金光烈は、発起人筆頭が大納屋頭で請負師の洪徳允で、世話人の筆頭が同じく大納屋頭で請負師の河基鎬であり、洪は笠松村会議員も務め、そのころ同村で暮らしていた崔順徳からの聞き取りをもとに、これらの親方連中で決めたことは文句をいったり反対したりできるものではなかったと指摘している (『「内鮮融和」美談の真実　戦時期筑豊・貝島炭礦朝鮮人強制労働の実態』(緑蔭書房、2013年、71、72、74頁)。

10) これについても、「圧制政治の結果」という併合以来の常套句を用いて、政治の悪さと国民の退嬰を強調し、それを協和事業を通じた「勤労奉仕」精神の注入によって改善するとする。この点に関して趙景達は、日本の調査による『韓国土地農産調査報告』(慶尚道・全羅道、1906年頃)を引用して、「勤倹をもって貯蓄に心がける者が無視し得ないほど存在していたことが想定される」とし、植民地初期において朝鮮人の貯蓄心は世界的にみて決して見劣りするものではなかったとしている (趙景達前掲『植民地期朝鮮の知識人と民衆』、62頁)。

11) 八幡製鉄所の労働者、とりわけ職夫層については、長島修『官営八幡製鐵所論―国家資本の経営史―』(日本経済評論社、2012年)があり、職夫の存在形態や功程賃金制、救済組合についてもふれているが、朝鮮人労働者については言及がない。

12) 産業セメント鉄道株式会社については、『麻生百年史』(1975年)を参照のこと。なお同社における朝鮮人労働者の状況については、金光烈『足で見た筑豊　朝鮮人炭鉱労働の記録』(明石書店、2004年)を参照のこと。

13) 福岡県社会事業協会は朝鮮人対象の融和事業を展開する部署として活動し、中堅青年を対象に、小倉など県内4カ所で夜間学校などを開校している (33頁)。山口県では同社会事業協会が1928年に下関に昭和館を設置し、朝鮮人の収容と日本語教育、職業斡旋、教化などを行った (拙稿「戦前期山口県における朝鮮人の定住化と下関昭和館」『史學研究』第256号、2007年6月)。

14) 朝鮮婦人の和服着用拒否の実態については、樋口雄一「戦時下在日朝鮮人の『非同調』行動」(『在日朝鮮人史研究』第6号、1980年)を参照のこと。そもそも朝鮮婦人の服装「改善」は、序章でふれたように農村振興運動の過程で「色服着用」で

第4章 「座談会：福岡県下在住朝鮮人の動向に就て」にみる朝鮮人観　127

揺さぶりをかけ（その理由は婦人の洗濯時間を減らし農作業に振り向けさせるためであったというが、そう頻繁に糸をほどき洗濯したわけではない）、在内地朝鮮婦人に対しては1936年頃より「内地同化」と称して和服を推奨したが、和服を着ているシーンは神社参拝とか金属類供出などの写真撮影の場合に限られ、それが充分に普及しないまま1941年以降には「半島婦人国民服」を強要するという推移をたどったのである。日本内地においても、山口県などで1930年頃より旧来の長袖の服（和服）に替えて「婦人作業服の改善」と称し、「モッペイ」あるいは「もんぺ」の普及が進められていたのであって（足立文男「婦人作業服の改善に関する卑見」『山口県社会時報』1930年11月、11～4頁。それさえ当初は「鮮人のやうだ」とか、「あんな風をしないでも働けないことはない」とかいう人がいておじゃんになったという『山口県社会時報』第83号、1931年9月、22頁）、そうした折に和服を推奨することがいかに無謀であったかを知ることができよう。

15）　朝鮮人古物商については、本書第2章及び拙稿「在日朝鮮人古物商の成立と展開」李洙任編著『在日コリアンの経済活動』（不二出版、2012年）を参照。福岡県の古物商は、『昭和拾四年度版　日本実業商工名鑑　廃品版』によれば、北九州5市、筑豊2市、そして行橋町で81業者、そのうち朝鮮人は飯塚市の9業者をはじめ総数11業者が記載されている。

16）　八幡協和会館は従来の「丸山学院」を改組して立ち上げたもので、保育事業、職業指導、そして家族の収容・保護などを行った（55頁）。「丸山学院」については、樋口雄一前掲書『協和会　戦時下朝鮮人統制組織の研究』によれば、幸田タマが1922年に始めた「鮮人夜学校」を母体とし、1925年に八幡市内丸山町に移転して名称を丸山学院とし、1937年度から福岡県社会事業協会の所管となり、名称も八幡協和会館となったという（213～215頁）。木戸重光「八幡協和館の第一年」（『共栄』1938年8月）によれば、軌道に乗っているといえるのは保育事業くらいのものだという。また小倉には、朝鮮人福利機関として十数年の歴史をもつ「同和会」という組織があり、市会議員などが世話をしているという（33頁）。

17）　戦前期在日朝鮮人の住宅事情については、樋口雄一「在日朝鮮人に対する住宅差別」（『在日朝鮮人史研究』第2号、1978年6月）を参照のこと。そこでは、内務省の『社会運動の状況』1932年版によりながら、朝鮮人への貸家嫌忌の理由として、イ．不衛生ニシテ多数雑居シ家ヲ破損スルコト甚ダシキコト、ロ．家賃ヲ滞納シ立退ニ応ゼズ紛議ヲ醸成シテ立退料ヲ要求スルモノ多キコト、ハ．多数雑居ノ関係上喧嘩ニ亙リ附近ニ迷惑ヲ及ボシ、隣接居住者ヨリ家主ニ苦情ヲ申込マル、等ガ主ナルモノの三点をあげている（71頁）。そしてこれらは、東京・横浜・京都・大阪・神戸・広島などで出された朝鮮人生活実態調査報告にも共通してあげられているという。樋口によれば、1939年の大阪市の事例では、住宅付帯設備の悪さ、保証人・敷金・権利金の条件の悪さ、家賃の割高さなどによってますます朝鮮人の住宅事情は悪化したこと、家賃不払いの比率は必ずしも朝鮮人が高いとはいえないこと、家主が一方的に偏見に満ちた態度を示すことなどをあげ、日本人家主には朝鮮人の住

宅問題を社会的課題として考えることができる視野を持つ者はいなかったとする。
18) オンドルについては、朝鮮駐剳の第八師団軍医22名が調査し、朝鮮総督府嘱託の村上唯吉が校閲して刊行した『朝鮮人の衣食住』(京城図書出版部、1916年)によれば、「温突烟熱を導いて温を与ふるものなるが故に、室温に激変を来たさず、又放煖面広く、且つ煤烟の室内に浸入する虞れなく、之が為めに室内空気の汚染するが如き事なきを以て、採煖法としては最も適当である。啻に之のみならず、其の費用極めて廉なるを以て赤貧者と雖も比較的容易に之を備へ得べく、其の燃料は枯草、柴、木葉の類にて足り、且つ採暖と同時に炊爨の用に供する事を得るの便がある、又火災を惹起する事稀れなる等幾多の利益が少くない」として、風土の要求に適応した妙装置であると称賛している (98頁)。また北海道でオンドルの導入が試みられたことが、権錫永『온돌의 근대사』(一潮閣、2010年) 第6章に指摘されている。
19) 佐々木道雄 (『キムチの文化史』福村出版、2009年) は、戦前期の段階でキムチをはじめ朝鮮料理が日本において広く受け入れられていたことを実証している。
20) ここでの「矯風会」は飯塚署管内で活動しているものを指し、朝鮮人のみを会員とし、ほかに県内の警察署ごとに、「福岡矯風会」、「箱崎矯風会」などが作られ、時局対応の活動を行った (『世態調査資料』第26号、54頁)。在日朝鮮人全体の学歴については、1935年以降、内務省警保局の調査がある (『社会運動の状況』1935年、38年、40年版)。しかしそこでは、成人労働者と児童で区分した数値は示されていない。
21) 「半島児童教育所感 下関向山校 (昭和十三年)」(小沢有作編『近代民衆の記録 10 在日朝鮮人』新人物往来社、1978年) によれば、「半島児童学習状態」として、学用品整備状況、学用品取扱、学習の実際、成績が検討されており、全体的にどうであるかあいまいであるが、本座談会での状況と異なり、「学用品整備状況は概ね整備している」が1番目に掲げられているものの、学用品取扱は「一般に粗略乱暴」が、学習の実際は「無気力・不熱心・勉学心乏し・積極的気風を欠く」が、成績は「概して不良・各級共3分の1〜4分の1以下の席次が一般状態」がそれぞれ1番目に掲げられており、これを改善するには、「彼等幼童の胸底に我は日本人なり、日本の子供であるといふ、言はゞ日本魂への芽生の移植で発芽であり播種である強固な自覚信念への志向を培養、種えつける事」(332頁) が必要とするのである。
22) 朝鮮の宗教については、宇垣総督下に「心田開発運動」を推進していくうえで研究され、1936年2月に朝鮮総督府中枢院によって『心田開発に関する講演集』がまとめられている。そこでは、朝鮮における仏教・キリスト教・儒教の過去と現状が披瀝されている。その一方で、赤松智城 (京城帝大教授)「朝鮮の仏教と民間信仰」において、「仏教と民間の信仰とが互に並立して、而も調和することが可能であり、又これを可能ならしめるやうにすることがよい」(168頁) とか、高橋亨 (京城帝大教授)「朝鮮仏教の歴史的依他性」「儒教の有する宗教性」において、1911年6月の「寺刹令」以降、何らふるったものを認めない、儒教もその理学的研究の進

むに従い本来の宗教性を弱めてしまったという見解もあわせて掲載し（187、199頁）、儒教本来の教化を振興しつつ（176頁）「心田開発」の方向へ誘導しようとしていくのである。なお、これらと心田開発との関係については、川瀬貴也『植民地朝鮮の宗教と学知』（青弓社、2009年）があるが、南富鎭が指摘したように（『近代日本と朝鮮人像の形成』勉誠出版、2002年、152～159頁）、過渡期の動向や在来宗教を軽視しつつ皇民化を推し進めていった手法を重視すべきであろう。また朝鮮における神社参拝については、1930年代半ばころより強要されていたという（駒込武「朝鮮における神社参拝問題と日米関係」杉原達ほか編『帝国の戦争経験』岩波書店、2006年、を参照）。

23）名前については、1911年10月26日の「朝鮮人ノ姓名改称ニ関スル件」（朝鮮総督府令第124号）において許可制となり、かつ「内地人ト朝鮮人トハ身分取扱上今尚著シキ差異アリ取締上煩累尠少ナラザルヲ以テ」（『朝鮮総督府施政年報』1913年3月、48頁）とあって、取締上内地人風の名前をつけようとしても許可されなかったが、実際は創氏改名以前に通名を使用するものがかなりの数に達していた（1935年の京都の調査では45.1％が通名を持つ）という。それはいうまでもなく、労働現場や取引の場において、待遇や対応が異なっていたからにほかならない（外村大『在日朝鮮人社会の歴史学的研究―形成・構造・変容―』緑蔭書房、2004年、174、176、193頁）。なお1937年11月以降、法務局長通牒により出生児に内地人同様の「名」を付すことができるようになり、いわゆる創氏改名は1940年2月以降実施された（水野直樹『創氏改名―日本の朝鮮支配の中で』岩波新書、2008年）。

24）「内鮮結婚」については、1921年6月に朝鮮総督府令第99号で「内鮮人通婚法案」が成立する。1930年代の京阪神における調査においては、1～2％程度で、一般的ではなかったというが（外村同上書、170頁）、1938年以降は増加していくという（尹健次「在日朝鮮人の日本人妻」『在日朝鮮人史研究』No.44、2014年10月、93頁）。

25）朝鮮人の呼称については、内海愛子・梶村秀樹・鈴木啓介編『朝鮮人差別とことば』（明石書店、1986年）と、それを批判した池内敏の研究（「『鮮人』考」名古屋歴史科学研究会『歴史の理論と教育』109号、2001年9月）がある。「鮮人」・「朝鮮人」・「半島人」がどのように差別用語として使われたかという実体面での分析が、官側・メディア・一般人レベルで必要であろう。

26）日本人側への注意喚起として、「本冊子は内地人の朝鮮の人に対する好ましからざる諸点のみを掲げ其反省を求むるのが目的」というはしがきのもと、朝鮮軍憲兵隊司令部『朝鮮同胞に対する内地人反省資録』（1933年）などの冊子がこの時期刊行されている。

27）この時期の社会・思想運動、民族運動、労働運動については、金廣烈が、全国的な動向にも目配りしながら、1930年代半ばの名古屋における合同労組の活動は、在住朝鮮人団体を糾合しつつ展開したこと、民族差別反対運動、親日団体の融和主義批判、賃金引下げ反対争議、夜学の開設や文化啓蒙運動などを行っていたことを

実証している。この団体は1936年12月の愛知県特高による総検挙によって停止を余儀なくされる（金廣烈「1930年代名古屋地域における朝鮮人労働運動」『在日朝鮮人史研究』第23号、1993年9月）。

28) それは、朝鮮軍で行った治安状況に対する分析（「朝鮮人のしたたかな民族性に対する不信」）などからもうかがうことができる（宮田節子『朝鮮民衆と「皇民化」政策』未来社、1985年、54～55頁）。

29) 朴春琴については、松田利彦「朴春琴論—その選挙運動と議会活動を中心として—」（『在日朝鮮人史研究』第18号、1988年10月）がある。そこでは、朝鮮関係者（元総督府関係者や在朝日本人）や都市中・下層民の浮動票に依存していたこと、排外・侵略主義的主張が有権者を引きつけたことなどが指摘されている。

30) 在日朝鮮人の選挙運動については、岡本真希子「植民地時期における在日朝鮮人の選挙運動—1930年代後半まで—」（『在日朝鮮人史研究』第24号、1994年9月）を参照。そこでは、朝鮮人の選挙運動を、朝鮮人としての生活を守るための一つの手段としてあり得たのではないかと位置づけ、1929年から43年まで、全国の地方議会で362人が立候補し、93人が当選したという（福岡県では、1934年から42年までに25人が立候補し、11人が当選している）。

31) 時局認識をふまえた山口県での諸活動については、拙稿「在日朝鮮人協和会体制の末端機構—山口県の事例を中心に—」（下関市立大学附属地域共創センター『地域共創センター年報』Vol.8、2015年8月）を参照のこと。

32) 朝鮮の事大主義については、趙景達によれば、朝鮮開港後併合に至る過程で、儒教的民本主義による「自強」志向（甲申政変）や、朝鮮中立化構想（兪吉濬）、大韓帝国国制などによって乗り越えられていったという（趙景達『近代朝鮮と日本』岩波新書、2012年）。

33) 朝鮮人の志願兵適用は、1937年の陸軍特別志願兵令によるもので、1938年から43年まで1万6830人が入営した（塚﨑昌之「朝鮮人徴兵制度の実態—武器を与えられなかった「兵士」たち—」『在日朝鮮人史研究』No.34、2004年10月、55頁）。1939年7月には第3章でみたように、最初の戦死者が出たことが報道されている（「半島志願兵　初の戦死者」『関門日日新聞』1939年7月9日付）。

34) 1930年代半ばの在日朝鮮人政策における「内鮮融和」から「皇民化」への転換過程を朝鮮人保護救済問題で検討した研究として、許光茂「戦前日本における朝鮮人対策の転換と朝鮮人保護救済の形骸化—協和事業における朝鮮人保護救済問題を中心に—」（『在日朝鮮人史研究』No.30、2000年10月）があり、また大阪の教育問題で追跡した研究として、塚﨑昌之「一九三〇年代以降の在阪朝鮮人教育—内鮮「融和」教育から「皇民化」教育へ—」（『在日朝鮮人史研究』No.44、2014年10月）がある。塚﨑はそこで、「融和」団体（大阪府内鮮協和会）が社会事業者を中心に、職業紹介や夜学校、共同住宅建設を通じて朝鮮人「救済」に一定の役割を果たしたとし、それが1938年の簡易学校の廃止と『協和読本』の発刊を契機に、朝鮮人としての民族教育の否定と皇民化教育が徹底化していくとする（26頁）。

第5章

山口県における内鮮融和事業とその変遷
―下関昭和館を中心に―

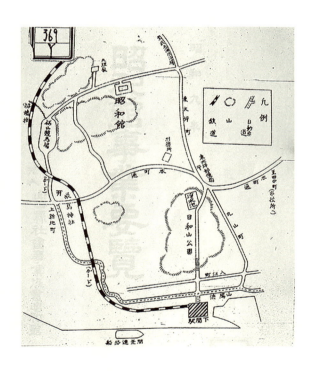

【扉の写真】
昭和館付近の地図（山口県社会事業協会昭和館『昭和館事業要覧』1931年、斎藤實記念館所蔵）

第5章 山口県における内鮮融和事業とその変遷

　本章では、大部分の朝鮮人の日本内地上陸場所であった下関に、1928年5月に設立された山口県社会事業協会昭和館を取り上げ、その設立意図や初期の活動状況、そして1939年時点の事業動向や同年における第2代館長であった薬師寺照宣の論考などを検討することによって、山口県における内鮮融和施設の変容過程と、そこでの日本人による朝鮮人観を明らかにすることを課題とする。

　その際、県当局の関与があり朝鮮人保護・収容施設であった下関昭和館を取り上げることによって、他の府県との共通性と差異性を浮き彫りにし、そうした融和施設の事業が、序章でみたように、「内地同化」を明確にした協和事業への転換期といわれる1930年代後半以降、どのように推移していくかに留意しつつ検討していく。なお、「融和」という点に関しては、三・一独立運動後の1920年ころより、朝鮮総督府の機関誌『朝鮮』には、「内鮮同胞の融和」や「在鮮内地人に対する感想」などの記事が並び、双方の長所・短所を並べて相互理解を推し進めようとする。もちろんそこでの枠組みは「一視同仁」であって、1921年6月には「社会教化事業号」を組んでもっぱら在朝鮮内地人への啓発を行い、1930年には中央教化団体連合会、朝鮮社会事業協会、朝鮮教育会が合同で「教化事業懇談会」を開催して「教育勅語」や「国民精神作興ニ関スル詔書」の普及に努めていくのである[1]。

　下関昭和館に関しては、杉山博昭[2]や布引敏雄[3]の著作がある。それぞれ丹念な資料探訪による新たな事実発見が随所にみられ、教えられる部分が多い。とくに杉山は、昭和館という「社会事業施設」を通じて、日本の労働市場における朝鮮人労働力確保が実現していったと位置づけている。また布引は、日本の朝鮮人政策が「内鮮融和」から「協和」へ転換していったが、昭和館は「内鮮融和」を体現する機関であったと位置づけている。さらに前田博司の仕事は、とくに「その後の昭和館」と題して、薬師寺館長のその後や建物の処遇が明らかにされて貴重である[4]。本章では、既存の史料を読み直したり斎藤實記念館所蔵等の資料を追加し、上記の課題に答えたい。

1. 融和団体に関する研究史

　朝鮮人関連団体については、坂本悠一が内務省警保局の『社会運動の状況』(1930～41年版)によりながら、その系統を労働団体、民族運動団体、そして融和団体の三つに区分し、東京・神奈川・愛知・京都・大阪・兵庫・福岡の「主要７府県」と全国について団体数の統計データを示している。そのうち融和・親睦・扶助を主な目的とする「融和団体」が一貫して最多であり、1935年をピークとしつつ1939年以降急減していくとしている[5]。

　樋口雄一は大阪府内鮮協和会、神奈川県内鮮協会、兵庫県内鮮協会について紹介している。それらはいずれも官民合同による、民間有力者・企業家のかかえる在日朝鮮人問題解決のための組織であるとする。とくに在留人口が５万人を数えるようになった大阪府に関しては、「同胞の生活実情を見るに言語・風俗・習慣・教育等が内地とはいちじるしく異なるにより其の多くは容易に内地の事情に適応し難く」ということで、求職・居住問題を解決すべく、「朝鮮人の共同宿泊所・職業紹介所・夜学校・診療所の機関を設けて」、物質的にも精神的にも生活上の幸福を享受できるようにし、「以て内鮮融和の実を挙げむとする」ものであったとしている。そして具体的に、職業紹介所が宿泊所と診療所を兼ねて東淀川区豊崎、東成区中道、浪速区木津に、宿泊所のみが泉尾に、夜学校が西区今宮、東成区鶴橋、東淀川区豊崎、港区鶴町、東成区中本、堺市の６カ所に置かれ、日本人や朝鮮人の職員が配置されたという。その本質的な目的は、震災直後に出された「国民精神作興ニ関スル詔書」に示される方針に沿った在日朝鮮人の「善導・教化」にあり、保護救済は名目的なものであり、警察署長の機能や警察署単位での活動が見られるようになっていくという。さらに福岡・山口でも、官庁・警察が主導して「朝鮮人保護救済事業」が行われるようになったという[6]。

　塚﨑昌之は、韓国併合以降、各地で在日朝鮮人が少しずつ増加し、集住町

第5章　山口県における内鮮融和事業とその変遷　135

も形成されていくようになると、そこで発生する諸問題に対処すべくさまざまな団体が設立されたとし、関東大震災以前の時期における内鮮融和団体につき、大阪の事例を紹介している[7]。それは、朝鮮人「救済」・相互扶助組織として活動したもので、1912年の財団法人大阪自彊会を嚆矢とし、各種の相互扶助・救済組織が誕生していくという。中でも1920年10月結成の朝鮮同友会（11月に労働救済会と改称）、21年9月の大阪汎愛扶植会による労働紹介所・宿泊所の設置、金朴春・金公海夫妻による慈善団や方面委員との接触、1922年7月に言語の相違による行違いの解消・品性の向上・内鮮人の融合を目的として設立された朝鮮人協会が主なものであった。そしてこの間、方面委員の尾崎演隆や紀本善次郎らが援護活動を展開し、キリスト教会の後押しも得ながら、大阪府社会課の1923年度予算計画として、朝鮮人児童への普通教育の実施、十数カ所に共同宿泊所の開設、職業紹介所に朝鮮人課の設置が盛り込まれることになる。これらの経験をふまえ、1923年12月には、朝鮮総督府政務総監と大阪府内務部長とのあいだで話がまとまり、内鮮協和会設立協議会が知事官邸でもたれることになるのである（財団法人化は1926年6月）。ここに、「先進地」大阪において、1923年ころより当局関与による朝鮮人融和団体の成立を見ることになったのである。もっとも塚﨑は、樋口が指摘するような警察署の関与はこの段階ではみられず、保護救済的事業も名目的どころか積極的に展開していたとする[8]。

神奈川県の事例では、宗田千絵は、関東大震災後の神奈川県にあって（それ以前にも宿泊施設として横浜社会館、川崎社会館があった）、きびしい労働環境と民族差別の中で、朝鮮人自身による団結の必要性と、日本人側の内鮮融和による監視・統制の必要性が合わさり、1926年2月、神奈川県内鮮協会が作られたとする。当初は県から7,500円を支給され、県庁社会課内に事務所を置いたが、同年9月に財団法人化している。会長は県知事、副会長に学務部長が就き、警察関係は顧問に県警警察部長が就いたのみであった。事業の意図は、「社会共存の理想」に反した現状を改め、「福利増進」を図ることによ

って「内鮮融和」を実現しようとしたという。しかし、朝鮮人労働者の失業・困窮の深刻化に対応できず、保護・救済しうる力とならなかったこと、朝鮮人側の内鮮融和事業への抵抗、宿泊所建設反対運動にみられる日本人住民の無理解などによって挫折していくという。

　堀内稔は、兵庫県の融和団体について、まずそれが労働運動の対極にあるものととらえ、また単なる親睦団体あるいは民族的な相互扶助団体との区別を、団体設立の目的の一つに融和を掲げているかどうかに置くという点も指摘している。そのうえで、1923年1月設立の、人参商の金永達が中心的役割をした日鮮融和会を起源とし、それが1925年11月に財団法人兵庫県内鮮協会になるが、設立から運営まで警察署ではなく兵庫県社会課が深く関与したこと（知事が会長）を指摘する。活動としては、無料職業紹介、県社会課・土木課の援助による朝鮮人労働者保護指導機関「鮮労組」の設置、無料人事相談、兵庫県鮮人青年団の設置など、統制よりも福祉や救済により重点が置かれたとしている。しかし、1920年代末から30年代にかけての活動はあまり報道されるところがなく、他の団体から、住宅問題やモルヒネ患者の犯罪など「鮮人刻下の問題を等閑視している」と批判される状態であったという。

　石川県については、砂上昌一によれば、1926年7月に、金沢市に県内最初の内鮮融和団体である石川県共栄会ができたという。7人の在日朝鮮人を発起人とし、精神的教化と経済的救済を目的に、会員は150人余りであった。顧問に日本人を据え、徐々に行政や警察とのつながりを深め、無料宿泊や職業紹介などを行っていった。しかしここでも、不況の深刻化によって労働運動が盛んとなり、新たに労働者協助会ができて対立するなど、求心力を失っていったという。

　また福井県のケースでは、同じく砂上昌一によれば、1920年代後半に朝鮮人が増加し、繊維産業職工を中心として就労するようになるが、20年代末以降の不況・恐慌下で、賃金未払いや解雇に見舞われ、労働争議も増加していく中で、さまざまな融和団体が形成されたという。そして1933年6月24日に、

福井市内在住朝鮮人の「人格向上の陶冶」を目的として、県内最大の内鮮融和団体である昭和協親会が組織される。会員は650名で、生活向上や結婚式の衣裳貸与、治療費の援助なども行われたが、警察の取締りの一端を担わせるものだったという[12]。

　福岡県の場合は、坂本悠一によれば、1920年設立の八幡市・若松市・戸畑町で結成された専鮮救護会が嚆矢であったとされ、地域的には北九州五市に集中し、もっぱら親睦・救護・共済を目的としていたという。坂本はあわせて相愛会と丸山学院についてもふれており、全国組織である前者は25年に県では最初に福岡市で結成され、その後筑豊各地に支部を設置し、無料宿泊・窮民保護救療・職業紹介・人事相談などの活動を行い、民族運動や労働運動と対立したという。後者は1922年に八幡製鉄所の朝鮮人労働者を対象に設立されたもので、夜学校から出発し宿舎提供から教化事業まで行い、労働運動への参加を封じ込める役割を果たしたという[13]。

　熊本県については、小松裕によって内鮮親和会に関する分析がなされている。同会は、「1920年代における朝鮮人労働の本格的展開」を背景として、1926年12月に準備会がもたれ、細川興増男爵を総裁に、斉藤知事を会長に、県内の名士と朝鮮人有力者を役員に27年4月に設立された。そこでの具体的活動は、もっぱら労力の需給の円滑化のため職業紹介を行い、あわせて日本人と朝鮮人間、あるいは朝鮮人同士の争闘の介入などを行い、28年には財団法人化したという[14]。

　山口県の事例では、山口県社会事業協会が主体となり、県費や寄付金をもとに1928年に下関昭和館が設立されている。そこでは、渡来者案内にはじまり、宿泊・食費・旅費の補助、託児所・準備教育・夜学校の提供、職業紹介・授産事業などが主な活動であった。そして必ず内鮮融和に関する教化指導もなされたのであって、監視・取締的側面は強くはなかったが、融和へ導くという目的のもとに運営されたのである[15]。

　けっきょく、1910年代から大阪などで朝鮮人独自のあるいは日朝合同によ

る相互扶助・援護団体が作られはじめ、予算や役員の配置という点で官との関わりをもち、さらに1923年ころより県の社会課や社会事業協会など官もからんだ融和を掲げる団体が作られるようになっていった。その際、警察署の関わりは府県によって異なり、またこれらの団体と労働運動・民族運動との対立や日本人住民の無理解という面もかかえつつ進んでいったとまとめることができよう。もっともこれらの団体の多くは、1930年代後半以降、後述するように統合や廃止の憂き目を見るのであるが、その実態に関しては必ずしも明確にはされていない。

2. 内鮮融和施設下関昭和館の設置

(1) 山口県社会事業協会の設立

　第一次世界大戦以降の日本では、内外の社会情勢に対応して、各種の社会政策的施策が着手されはじめていた。各県では、「近時経済界の変調と精神界の動揺とは社会問題をして益々紛糾錯雑ならしめんとす」という認識のもとに、財団法人組織による「社会事業協会」が設立されていく。山口県でも、1923年3月、資本金16万円の財団法人山口県社会事業協会が設立された。「行政官府と隣保相助の誼のあいだで協力一致した団体」と定義され、育児保育感化等児童保護事業、救療事業、人事相談、職業紹介、免因保護事業などの社会事業を行い、また「小作問題労働問題其他諸般の社会問題漸く顕著ならむとする秋にあたり之か対策に意を注ぎ以て健全なる社会の向上発達に努むるは当局者は勿論県民共同の責務なり」と、設置の趣旨を示した。[16] 府県レベルでの社会事業の普及発達の機関として社会事業協会が位置づけられたのである。

　なお関東大震災後には京浜地区で隣保事業が着手され、そこでは「大震災後の民衆思想の変調に矯正・善導の道を講ずるに非ざれば或は救済の困難を来たすおそれあり」として教化面が強調されたという。[17] その背後には、1923

第5章　山口県における内鮮融和事業とその変遷　139

年11月の「国民精神作興ニ関スル詔書」があったことはいうまでもない。

こうして山口県社会事業協会において各種事業が着手される。1924年7月以降、新聞紙法に基づき『山口県社会時報』を刊行するのにはじまり、農繁期託児所の開設、社会教化懇談会の巡催、県外社会事業見学、方面委員の選出、山口県社会事業大会の開催などである。[18]

(2) 下関昭和館の設置

すでに第1章でみたように、全国的動向と同じく山口県でも、第一次大戦期に工業県化への歩みをスタートさせ、1920年に2千人台であった在日朝鮮人数が、1930年には1万6千人へと大幅な増加を示す。その多くは炭坑・港湾・土木建設などの労働者であった。

そうした中、1925年3月に第1回の開催をみた山口県社会事業大会において、「内鮮の融和に関し採るべき方策及其実現の方法如何」が社会事業協会より提案され、新たに渡来する者、現在の居住者、帰還者別に対応策を提示し、内地人の朝鮮人に対する賤視観念の撤去、朝鮮人労働需要方面の開拓とともに内鮮融和機関の創設が示された。[19] またこの間、1924年の11月から12月にかけて大阪市豊崎の「内鮮協和会職業紹介所」を、25年5月には同じく大阪市鶴橋の「鮮人宿泊所」を視察したことを、同年7月にはその際説明にあたった大阪府社会課田中氏の「内鮮融和会設立に関する趣意」という要約文を『時報』に掲載している。[20]

翌1926年3月の第2回大会では、農村・漁村・炭鉱・工場などとともに、「風俗習慣を異にする朝鮮人の群居する地方」はどんな施設が要るのか、という問題提起がなされ、[21] そして8月に開催された山口県社会事業協会理事会・評議員会において、「内鮮融和施設ニ関スル件」が提案されて可決され、施設建設の運びとなっていく。同月26日、山口県社会事業協会によって趣旨・計画が発表される。すなわち、「下関市は内鮮融和の上には特別の位置にあるのであるから、さしあたり此の地に来往住居する朝鮮人の為或は行

先の案内、職業の紹介、宿泊の供給をなし、或は帰国に関する各種の保護を与へ、或は日本語の講習、内地事情の説明等を行ひ、彼等の内地化に努め好印象を与ふるは内鮮今日の関係上極めて緊切の事と信ずる」とあり、下関独自の行先案内や帰国者保護とともに、日本語講習・内地事情説明などを行うとしている。そして、下関市内の朝鮮人集住地区である大坪附近に宿泊所の設置が決定される。

こうして、朝鮮総督府や山口県、恩賜財団慶福会からの補助金を確保するとともに、篤志家からの寄附金の募集や、町総代集会などでの募金が決定される[23]。また、社会事業協会幹事（篠崎篤三）と下関職業紹介所長（阪野要四郎）を朝鮮に派遣し、朝鮮の社会事業や普通学校などの視察を行わせる。

この時期足立文男県社会課長は、山口県における社会事業でとくに努力を要するものとして、社会事業に対する理解とともに、婦人に関連した台所の改善にはじまる生活改善、児童保護事業、託児所の経営（とくに農繁期託児所）、方面委員事業、救療事業、公益質屋の経営、そして融和問題の解決をあげている[24]。この融和問題の一翼に内鮮融和があり、その解決の方途として昭和館の建設が位置づけられたのである。こうして下関昭和館は、1927年10月建設着手、翌28年5月竣工、同月30日に開館式を催した。そして、「下関昭和館は山口県の社会事業中でも誇りであるばかりでなく、全国的に指を屈すべき内鮮融和施設である[25]」といわれるまでになり、29年10月の朝鮮総督斎藤實をはじめ、水野錬太郎、守屋榮夫などの見学者があいつぐことになる。予算は1935年度で8千円、うち山口県から1千円、社会事業協会から4,200円、朝鮮総督府からは2,800円を支給された[26]。

1930年3月には、朝鮮人来住者が増加の一途をたどる宇部においても、「朝鮮人の保護斡旋に努め県内在住朝鮮人の指導教化を図り内鮮融和の実を挙げつつある」昭和館の実績に刺激され、同じく内鮮融和団体である同和会を設立している[27]。夜学の実施、職業の紹介、報徳会の励行、人事相談などを行い、35年11月には同和会館の竣工をみている[28]。そして1935年時点では、県内の朝

鮮人団体は30余に達していたとされている。[29]

(3) 下関昭和館設置の趣旨と目的

　前述したように、下関昭和館は市内大字大坪字猿ばみに1928年5月30日に創設され、その正式名称を財団法人山口県社会事業協会昭和館といった。設立の趣旨は、「山口県は其の位置内鮮交通の要衝に当り、朝鮮人同胞の内地に渡来し、或は故山に帰らんとするものゝ殆ど全部が我が下関を経由するものであります。(中略)之等来往鮮人同胞の内には内地の事情に通ぜず、内地語も解せず、目的もなくて漫然渡来したその上に、旅費をみんな費消したものや、或は各地で働く内に病気に罹り帰鮮する考へで、徒歩辛じて下関迄辿りつきはしたものゝ旅費なくて、進退両難に陥るものなども決して少なくないのであります。しかも斯る来往鮮人に対し甘言好餌を以て種々誘惑せむとするものがあつて、さらぬだに困つてゐるものが、更に悲惨な境遇に陥るものも少なからず、これをこの儘放任する事が出来ないので我が山口県社会事業協会は夙に此の点に対して見る処あり、下関市を来往するものや或は居住する朝鮮人同胞の為めに行先の案内、職業の紹介、宿泊の供給を為し更に帰国に対する各種の保護を与へ、或は内地語の講習、内地事情の説明等を行ひ、以て彼等に対して充分の指導斡旋並に教化の労を執ることは、内鮮今日の関係上極めて緊切の事と信じ」[30]とあって、困窮者への宿泊の供給とともに、内地における就労に忌憚のないよう、指導斡旋・教化を行うことが主眼とされた。

　そしてその「規則」の第3条「目的」に、「本館は渡来帰還する朝鮮人の保護斡旋に努め、県内在住朝鮮人の指導教化を図り、内鮮融和の実を挙ぐる」とされ、保護斡旋や指導教化を行うことによって内鮮融和を実現しようとしたのである。そしてこの目的を遂行するため、「規則」の第4条で、一、下関を通過する行旅者の保護斡旋を為すこと、二、無料宿泊施設を為すこと、三、職業の紹介を為すこと、四、授産施設を為すこと、五、教化施設を為す

こと、六、必要なる救済を為すこと（救済規程：旅費の貸付、食費の補給、被服類の給与）、七、人事相談に応ずること、八、其の他必要と認むる事項（託児所、日本語教授）などを行うとされた。これらは、すでに大阪などで設立されていた「内鮮協和会隣保館」などと比較しても、下関的特徴といえる旅行者の保護斡旋を除けば、ほぼ同一のものであった。[32]

施設は、敷地面積282坪、建坪本館2階建77坪、階下に事務室、応接室、職業紹介事務室、宿泊室2、住宅1、浴室1等を、階上に教化室1、宿泊室13を置き、その他授産場として木造平屋7.5坪を、食堂として木造平屋10坪を建造した。職員は館長1名、書記3名で、当初の館長は県社会課長で山口県社会事業協会常務理事の足立文男、のちに下関市職員から昭和館書記に就任していた薬師寺照宣に交替する。また、1932、34年の職員名簿には日本人3人、朝鮮人3人の名前があがっている。[33]

3．下関昭和館の事業とその推移

(1) 初期の事業

表5-1は設立当初の指導取扱者、無料宿泊者、食費補助者、旅費貸与者、人事相談など、昭和館の基本的業務実績を示したものである。当初は10銭と有料であったものを、昭和恐慌下の1930年6月より無料化した宿泊（1日平均15人）などの窮迫者対応は、32、33年をピークとし、景気回復後の33年以降は渡航者の増加に対応した指導取扱（これは下関駅でのほぼ全渡来者への事情聴取や乗換指示の数とみられる）や人事相談（家庭問題・結婚問題等）を活発に展開していることがうかがえる。

教化事業としては、一、未就学児童の準備教育、二、託児所、三、夜学、四、一般教化があげられる。「教化」という点に関しては、「下関市内在住六千余名の朝鮮人同胞に対する指導教化は、内鮮融和の目的を達する上に於て、閑却すべからざる重要性を有するを以て、不就学児童の準備教育、託児及夜

学(男女)を初めとして講演会講習会並に飯場や各種団体の巡回教化をなし又父兄会母姉会活動写真会団体代表者の懇談会等一般社会教化に対して、各種の施設を講じてゐる次第であります[34]」とされ、昭和館収容者のみでなく市内在住者を対象とし、具体的に不就学児童の準備教育、託児、夜学のほか、講演会・講習会・懇談会等を通した一般教化があり、それらが内鮮融和の目的につながっているとしている。

このうち未就学児童の準備教育に関しては、小学校入学にあたって日本語を理解させるプログラムで、学用品は無料配布し、表5-2に示すように参

表5-1 昭和館の基本的業務

年次	指導取扱者	無料宿泊者	同延人数	食費補助人数	回数	同金額(円)	旅費貸与人数	同金額(円)	人事相談
1928	11,438	483	1,412	132	536	289.75	120	316.95	11
1929	73,671	1,019	4,002	342	3,571	531.90	177	443.87	47
1930	57,743	1,312	4,559	354	2,128	319.20	244	482.41	43
1931	83,551	1,405	6,294	612	4,494	539.28	256	621.53	65
1932	98,343	1,444	5,973	754	5,304	608.94	262	588.09	84
1933	130,450	1,250	6,347	578	4,679	467.90	365	921.78	103
1934	110,804	1,001	5,052	503	2,855	285.50	281	562.31	251
計	566,000	7,914	33,639	3,275	23,567	3,042.47	1,705	3,936.94	604

①出典:今村孝行「昭和館について」(市立下関商業学校『関門地方経済調査』第十輯、1935年12月)、116-117頁、財団法人山口県社会事業協会昭和館『昭和六年昭和館事業要覧』、同『昭和七年』、『昭和九年』、より。
②1928年は6月以降の数値。

表5-2 未就学児童の準備教育と小学校編入数

事績	1928	1929	1930	1931	1932	1933	1934	合計
準備教育回数	22	287	290	247	246	250	250	1,592
延人数	328	11,559	17,725	23,628	20,806	29,847	32,476	136,369
小学校編入	-	6	17	21	59	47	90	240

①出典:表5-1に同じ。
②1934年の90人が250日出れば延人数は22,500人となり、残り1万人つまり約40人は、準備教育のみで小学校編入しなかったことになる。それ以前はもっとその比率が高かった。

加人数や小学校編入者数の増加の面で、実績をあげている。

　つぎに託児所に関しては、1931年以来、両親が昼間働いている2歳から6歳までの子どもを、午前7時から午後6時まで無料で預かる制度で、その間に日本語の練習、遊戯、談話、唱歌、手技等を教えた。就学前児童の日本語学習は、日本の小学校へ入学するには必須のものであったといえる。表5－3は託児所利用者数の推移で、参加人員が随時増加し、34年には、1回を1日と見なせば、ほぼ1日50人が通所していることがうかがえる。

　夜学に関しては、成人や勤労者を対象に日本語を教えるプログラムで、1930年から実施し、毎年10月から5月まで、14歳から56歳を男子と女子の2室に分かち、夜間の7時から9時まで開講した。表5－4に示すように、1回平均20人ていどが集まり、当初は男子が多かったが、後には女子が上回っていく。女子の人口の急増を反映したものと考えられる。そこでの授業は、男子部が日本語と算術、女子部が日本語と母語の確立のための朝鮮語であった。[35]

　一般教化についてみてみよう。これについては、「市内居住鮮人は約千二

表5－3　託児所開設と利用人数

事績	1931	1932	1933	1934	合計
回数	189	286	295	295	1,065
延人数	4,069	7,684	12,534	14,678	38,965

出典：表5－1に同じ。

表5－4　夜学開設と利用人数

年次	1930		1931		1932		1933		1934		合計	
男女別	男	女	男	女	男	女	男	女	男	女	男	女
回数	69	－	71	28	104	153	110	144	96	130	450	455
延人数	1,097	－	1,160	440	2,000	3,627	2,009	3,183	1,790	2,974	8,056	10,224

出典：表5－1に同じ。

第5章　山口県における内鮮融和事業とその変遷　145

百余戸の内本館を中心として周囲に五百余世帯もあり是等の教化は最も急務であるため講演会、講習会、懇談会、父兄会、母姉会、活動写真会等を開催して指導教化をなしつゝあり特に職員が部落を巡回し夜間飯場にて膝つき合せて教化講話会を開催して居りますが是れは相当の効果を認めて居ります[36]」と事業報告書にあるように、周辺地域に居住する500世帯の人々を中心とし、

表5－5　一般教化の種類別・年次別動向

種類		1928	1929	1930	1931	1932	1933	1934	合計
児童父兄会	回数	－	3	2	4	3	3	2	17
	延人数	－	112	84	226	175	147	191	935
児童母姉会	回数	－	－	－	－	2	6	4	12
	延人数	－	－	－	－	181	307	364	852
遠足	回数	－	3	4	－	2	3	2	14
	延人数	－	225	248	－	120	307	185	1,085
飯場巡回教化	回数	－	6	3	2	7	12	－	30
	延人数	－	170	56	27	169	202	－	624
慰安活動写真会	回数	1	1	4	3	1	3	－	13
	延人数	1,500	1,500	3,700	4,615	2,000	3,650	－	16,965
本館各種協議会	回数	4	3	2	10	8	16	11	54
	延人数	101	81	22	247	181	373	201	1,206
就職者表彰式	回数	－	1	1	1	1	1	1	6
	延人数	－	50	48	35	24	22	62	241
講演会	回数	－	2	1	4	3	4	7	21
	延人数	－	55	48	206	192	397	641	1,539
主婦会	回数	－	1	1	1	3	2	－	8
	延人数	－	56	21	34	47	42	－	200
講習会	回数	－	－	2	－	－	9	5	16
	延人数	－	－	20	－	－	45	100	165
奉祝行列	回数	1	－	－	－	－	－	－	1
	延人数	500	－	－	－	－	－	－	500
遥拝式	回数	1	－	－	－	1	－	－	2
	延人数	250	－	－	－	38	－	－	288
未就学児運動会	回数	－	－	－	－	－	1	1	2
	延人数	－	－	－	－	－	207	243	450

出典：表5－1に同じ。

「教化は最も急務」と位置づけてさまざまな教化プログラムを実施したことがうかがえる。その一覧を示したのが表5－5である。「慰安活動写真会」がもっとも多くの人びとを参加させていること、「講演会・講習会」は回数及び参加人員が徐々に増加していること、この期間には皇居遥拝式は必ずしも頻繁に行われたわけではないことなどが明らかであろう。また子どもの教育と仕事を通じた教化がなされたことがうかがえる。なお「本館各種協議会」は徐々に頻繁化し、ほぼ1カ月に1度の割合で毎回10～20人ていどの出席をみているが、その実態については明瞭ではない。上記の講演会・講習会や主婦会を含めて、「内鮮融和施設々立の趣旨」には、「日本語の講習、内地事情の説明等を行ひ、彼等の内地化に努め好印象を与ふるは内鮮今日の関係上極めて緊切の事と信ずる」とあり、また「内鮮融和事業計画概要」においても、下関市を「経由して渡来帰還する朝鮮人に対し必要に応じ案内、紹介、保護等諸般の斡旋を加ふると共に一面市内在住の朝鮮人に対する内地化及同胞意識涵養に努め真個の日本を了解せしむるを期す」とあり、内地事情を説明して内地化・同胞意識の涵養を図り、内鮮融和の実をあげようとしたといえる[37]。もっともこの段階では、内地化といっても、内地同化というものではなく、内地理解というものであったとしてよかろう[38]。

その他の事業としては、妊産婦保護施設として、「在住者の家庭生活増加に伴ひ、妊産婦並に乳児の保健衛生を普及周知せしむる為産褥用具の消毒及出産に必要なる、器具を貸与する施設をなし居れり[39]」とあって、家族を構成し定着化を進めるようになったことの反映とみることができよう。さらに、授産事業としては、当初は短期間の宿泊者に対して、担軍運搬、引越大掃除

表5－6　就職者数の推移

年次	1928	1929	1930	1931	1932	1933	1934	合計
人数	90	200	316	236	356	341	391	1,930

出典：表5－1に同じ。

第5章　山口県における内鮮融和事業とその変遷　147

手伝い、土工雑役などに従事させることにより、勤労精神の涵養に努めたとあり[40]、そのほか製縄作業（成績思わしからず中止）や、家庭の婦女子対象の木綿手袋の先き手首付けなどを行っている[41]。

職業紹介業務は、「本館に大正十年四月法律第五十五号職業紹介法の規定に拠る昭和館職業紹介所を併置し」とあって、1928年5月31日付で中央職業紹介所事務局長より設置認可されたものである[42]。「専ら朝鮮人同胞に対する各方面よりの求人の要求に応じ、之が無料紹介の労を執つてゐます。尚就職者に対しては雇主とも諒解の上、『就職者貯蓄励行規約』を定めて毎月給料の幾分を貯蓄せしめて不時の要に備へしむると共に、他面貯蓄思想の涵養に資してゐます」とあり[43]、就職斡旋とともに、「貯蓄思想の涵養」も行っていたことがうかがえる。職業紹介の実績は、学歴は大部分が小学校卒業以下のものを、表5-6に示すように、31年の落ち込みはあるが、その後徐々に増加して毎日平均1人以上を、表5-7に示すように農林業・商業（飲食店や店員）・土木建築業に多く斡旋している。組織的に集めにくい業種に斡旋したといえよう。また30年6月、創立2周年を期して職業紹介者中の勤続者表彰式を行った。このときの表彰者は、2年以上1人、1年以上9人、6カ月以上11人が該当した[44]。また、34年6月の表彰者は、5年以上1人、4年以上5人、3年以上4人、2年以上21人、1年以上31人、合計62人であった[45]。これを通じて勤続年数を増やそうとしたといえる。

表5-7　職種別就職者数

大分類	人数	内訳
工業及鉱業	98	其他40、食料品23
土木建築	440	土方日雇435
商業	463	飲食店雇人290、店員108、商店雑役31
		小店員22、行商2
農林業	668	農業園芸666
通信運搬	15	船員12
戸内使用人	21	児守13、僕婢7
雑業	60	配達人56、理髪3
計	1,765	

出典：表5-1に同じ。

(2) その後の展開

　昭和館のその後の展開に関しては、まず1934年段階で、託児所及び未就学児童の教育を隣保的施設としてもっとも重要な事業と位置づけたうえで、手狭になった施設の増築計画を立て、同年8月に落成をみている。そうした施設の充実化を通して、「内鮮融和の大業」に最善の力を尽くそうとしたのである。[46]

　1935年5月の山口県社会課主事・木村堯の報告書によれば、「近時朝鮮人ノ本県内ニ居住スルモノ激増シ現在ニ於テハ二万四千余ノ多キニ及ヒ之カ指導教化ニ努ムルハ其ノ生活状態ノ現状及内鮮融和対策ノ見地ヨリ極メテ喫緊ノコト、被存候而シテ現在内鮮融和並鮮人保護教化施設トシテ相当ノ効果ヲ収メツヽアルモノトシテハ下関市ニ於ケル県社会事業協会経営ニ係ル昭和館、宇部市ニ於ケル専任指導吏員及同和会ノ外特記スヘキモノナキ状態」[47]として、宇部の同和会とともに昭和館が「成果」があがっているとされていた。

　さらに1939年には、本館の大改造、女子修養道場29坪の増築、運動場600坪の設置などを行い、職員は館長以下6名（書記、書記補、保母2、保母心得2）体制を維持している。そして39年度の実績として、表5-8に示すように、34年と比較して、食費補給回数や人事相談件数などで減少しているものの、

表5-8　1939年度の昭和館事業の実績

事業内容	1939年度	対1934年比
宿泊保護人員	8,595人	1.7倍
食費補給回数	902回	3分の1
人事相談件数	137件	約半減
小学校進学実績	133人	約1.5倍
未就学児童教化人員	34,763人	1.07倍
保育人員	28,387人	約2倍
成年夜学出席人員	3,278人	3分の2

出典：杉田三朗「山口県における協和事業」『協和事業』2（6）、1940年7月）、より。

宿泊保護人員、小学校進学実績、保育人員で大幅に増加していることがうかがえる。一般教化事業に関しては、表5－9にみるように、児童父兄会、児童母姉会、講演会などは数倍の伸びを示している。またこの時期には授産事業も軌道に乗り、1,710人が1,386円の生産高をあげている。上記の女子修養道場の増築と運動場の設置に関わる2万円の経費については、薬師寺館長は井上県社会課属とともに総督府に後援を懇請するため、朝鮮に出張している。常に山口県や朝鮮総督府と連携を保ちながら事業を進めていることがうかがえる。

表5－9 1939年度の昭和館教化事業

一般教化事業	人数
児童父兄会	494
児童母姉会	973
慰安活動写真会	2,300
各種協議会	229
講演会	951
女子青年会	164
講習会	30
懇談会	112
健康相談	99
授産成績	1,710

出典：表5－8に同じ。

こののち昭和館はどのようになったかについては、『下関市史』には「終戦まで存続した」とある。1939年における関門日日新聞での報道状況は第3章でみたとおりである。第6章で述べるように、1935年7月に市内の親睦・相互扶助団体を糾合した東和会が設置され、1936年10月に第一次協和会が、そして1939年12月に第二次協和会ができることにより、精神教化の方面はそちらが中心となっていった。また同年に下関駅構内に山口県社会課の内地渡航者斡旋所が開設されることによって、上陸直後の朝鮮人への指導案内も委譲されたと考えられ、昭和館の事業は徐々に縮小を余儀なくされていったものとみられる。それでも、1940年1月には「児童入学予備教育」が開催されたり、1941年には佐賀県より視察があったことが『山口県社会時報』に掲載されており、「服装の改善」につき山口県社会課下関出張所と山口県協和会下関支会と協力して協議したり、1942年度の山口県協和会主催による「協和教育研究懇談会」を昭和館で開催するなど、協和会体制のもとで協和事業の一翼を担うとともに、宿泊や日本語教授など独自の役割を一定ていど果たしていたものと考えられる。

4. 山口県における在住朝鮮人観

(1) 山口県議会での質疑

　ここではまず、県議会における「朝鮮人保護」に関する質疑についてふれておこう。

　徳山町選出の県会議員坪井幸一は、1934年11月の通常県議会で「予算案其他ニ対スル総括的質問」において、次のような質問をしている。「次ハ朝鮮人保護ニ関スル件デアリマス、本県ハ地理的関係ニ於キマシテ、又商工業ノ勃興ノ趨勢ヨリ致シマシテ、鮮人労働者ノ渡航移住ガ頗ル多ク、其ノ数既ニ数万ニ達シテ居ル様ニ考ヘラレルノデアリマス。是等ノ中ニハ甲地カラ乙地ヘト転々稼ギ廻ル者モアリマスルガ、永久的ニ或ハ半永久的ニ住居ヲ構ヘル者モ多ク、既ニ県下工業地帯ノ一角ハ鮮人部落ヲ形成スルニ至ツテ居リマス、彼等ハ自ラ同居親善相互扶助的ナ機関ヲ設ケントシテ居ル模様デアリマス、ケレドモ言語風俗慣習等ノ関係モアリマシテ、内地人ト同化融和ハ仲々ニ容易デナイ実情ニアルカノ様ニ考ヘルノデアリマス、県当局ニ於カレマシテハ社会事業各機関ヲ通ジテ内鮮融和ノ実ヲ挙ゲルコトニ努力サレテ居ル様デアリマスルガ、当局ノ意図ガドノ程度ニ実際的効果ヲ齎シテ居ルカト云フ点ニ至リマスト、遺憾乍ラ其ノ効果ハ頗ル低調デアルカノ如ク感ジラレルノデアリマス、鮮人保護ニ関シマシテモ、単ニ内鮮融和ナド云フ宣伝式ノ域ヲ乗リ越エテ、彼等同胞ガ住宅ヲ建設セントスル場合ニハ特ニ是々ノ補助ヲ与ヘルトカ、夜学校ノ如キモノヲ設ケルニ当ツテハ是々ノ便益ヲ与ヘルトカ、或ハ特別ナル公民講座ノ如キモノヲ開設スルトカ、保護指導同化ノ実ヲ挙ゲルノ策ヲ講ズルコトガ肝要デアラウト思ヒマス、既ニ宇部市ニ於テハ鮮人労働者ガ数千円ヲ投ジテ集会所ノ建設ヲシテ居リ、徳山町デハ共同住宅ノ建設計画ガアリ、下関ニ於テモ自警団ノ組織ガアルカノ様ニ聞イテ居リマスガ、是等ニ対シテ特ニ補助ヲ与ヘルガ如キハ内鮮同和、其ノ他ノ点カラ考ヘマシテモ、

真ニ必要デアルト思フノデアリマス」とし、再渡航の際に警察の内地在住証明が必要だが、この証明がなかなか与えられない点を考慮すべしとして当局の所見を求めている。

これに対して菊山嘉男知事は、「次ニ朝鮮人保護ニ関スル御意見デアリマスルガ、人道上又吾々ノ同胞トシテ此ノ朝鮮人ノ保護ニ対シ十分ナル力ヲ尽シテ行カナケレバナラヌ云フ御意見ニ対シテハ御同感デアリマス、殊ニ朝鮮ト地理的関係ノ最モ密接デアリマスル本県ニ於キマシテハ、此ノ点ニ付テハ特別ノ注意ヲ致ササナケレバナラヌト考ヘテ居リマス、唯県ノ予算ト致シマシテハ直接此ノ方面ニ使ヒマスル費用ノ計上ヲ見マセヌコトハオ説ノ通リデアリマスルガ、併ナガラ社会事業協会其ノ他ニ於テ此ノ方面ニ対シテモ出来ルダケノ力ヲ尽シテ居リマスルコトハ御承知ノ通リデアリマス」（中略）とし、漫然渡航者を阻止することは彼らにとって仕合せで、「ソレ等ノ事情ニ付キマシテハ朝鮮総督府其ノ他ノ関係ノモノト常ニ連絡ヲ取リマシテ、適当ナル保護ヲ加ヘテ行キタイト考ヘテ居ル次第デアリマス、再渡航ノ証明ト云フ様ナコトニ付キマシテモ、色々ト朝鮮人ノ間ニ不明ノアリマスルコトハ私共モ聞イテ居リマスルケレドモ、之ハ矢張リ成ルベク不平ナカラシム様ニ努メテ行キタイト云フ考デアリマスルガ、併ナガラ彼等ノ不平ト云フモノモ段々研究ヲ致シテ見マスルト、甚ダ無理ナル不平デアル場合モ相当ニアルノデアリマシテ、是等ノ点ニ付キマシテハ将来相互ニ理解ヲ深メテ大ナル不平ナカラシム様ニ取計ラツテ行キタイト考ヘテ居リマス」と答えている[54]。

定住化が進みつつある朝鮮人に対して、「内鮮融和」の実際効果をあげるため、住宅建設や夜学校・公民講座の開設のための補助と内地在住証明の付与に考慮を与えてほしい旨要望していることに対し、県知事は「漫然渡航者」を阻止することが必要で、かつ彼らの不平ははなはだ無理な不平であって、相互に理解を深めることでその不平をなくしていきたいとするなど、きわめて無理解で便宜的な回答に終始していることがうかがえる。

坪井は総括質問で再度、内地人が朝鮮へ行って働こうとする場合、よりや

かましくいい、また他県は渡航条件が容易であるが、「山口県ハ関門ヲ有シテ居ル」という関係から非常に厳重であり、これは内鮮融和上非常に悪感情を惹起するもとになると指摘する。これに対して井口社会課長は、県の社会事業協会による下関昭和館が「渡航乃至帰還鮮人ノ航路ノ案内指導」や下関市内における「鮮人ノ指導、教化、救済」の事業を行っており、その成績は相当みるべきものがあるとしている[55]。

けっきょく県としてはこの段階においては、政府方針と同様の渡航抑止方針で臨み、問題点に関しては社会事業協会と昭和館にまかせていたとすることができよう。

(2) 山口県社会時報にみられる朝鮮人の位置づけ

ではこの間に、山口県における朝鮮人観がどのようなものであったかを、山口県社会事業協会の機関誌である『山口県社会時報』に掲載された朝鮮人に関する記述を拾うことで探ってみよう。

まず1926年、稗田生(山口県融和団体一心会嘱託、のち県主事補)の「県下の自由労働者に就いて」では、鉄道工事や工場地帯に使役されている「自由労働者」(日稼・人夫・坑夫・仲仕等)の失業問題にふれる中で、従来は県内の農業労働者で間に合っていたが、最近は朝鮮人をはじめ他府県からも入り込んでいるような次第であるのは注意を要する点であるとして、朝鮮人などの流入によって労働者の需給面で調節が必要となってきた点を強調する[56]。朝鮮人の大量流入に対する危機感はその後もくりかえし述べられる。さらに県社会課長でのちに社会事業協会常務理事から昭和館初代館長となる足立文男は、1928年4月の論考で、増加する朝鮮人自由労働者の思想は「概して穏健であるが、転々移動し道義心には乏しい関係からして動もすれば司法事件を惹起する虞がある」として、彼らの犯罪は窃盗、賭博、傷害、詐欺の順に多く、「彼らを指導し同化する上に大なる考慮を要する」とする。しかもこれらの朝鮮人は群居的集団生活をすることが多く、そのため服装をはじめとして朝

第5章　山口県における内鮮融和事業とその変遷　153

鮮在来の風俗習慣を脱しないと位置づける[57]。

　さらに昭和館の書記であった宇野蘇泉（潔）は、1931年の「寄書」で、希望を抱いて内地に来たものの、彼らの生活は朝鮮に居た時とそれほど違わないみじめなものであるとし、その原因として、1．文化程度の差、2．旧套を脱し向上しようとする強固な生活意識の欠乏、3．流浪する遊牧民に共通のルンペン根性、の3点をあげている[58]。

　こうした中で、都濃郡の方面委員が「ソラ、朝鮮人が来た、朝鮮人にやるぞ」という、子供を脅すときに使う一般婦女子の「口癖」を紹介しており[59]、朝鮮人は「生活程度が低くて怖いもの」というイメージが形づくられることになる。

　かくして1934年12月の時点で、県社会課主事の木村堯は、「朝鮮人の生活には幾多の欠陥があり、不道徳があり、非衛生があり、其の他等々の唾棄すべき習癖が多い」として、一般生活慣習の内地化と国民的意識の注入喚起を訴える[60]。

　ここに、本書序章において見たように、1934年に大阪の「内鮮融和事業調査会」が決議したり、政府が「朝鮮人移住対策ノ件」で閣議決定したりしたものと同様の、「内地同化」への歩みがたどられていくのである。当時の日本では、とりわけ社会事業担当部署にあっては、「生活改善運動」が展開され、衣食住の近代化・合理化が盛んに喧伝されていた。台所の改善、服装の洋風化や衛生観念の徹底化を推進するうえで、これと「相反する」朝鮮人のありようをより強く否定する結果につながったといえる[61]。

　もちろん足立が同時に指摘するように、彼らは丁寧で親切な心の持主であり、慈恵救済事業に寄付をするという美風があるとしたり[62]、朝鮮の社会事業等を視察する一団に加わった社会事業協会幹事・篠崎生は、煮沸もし漂白もする朝鮮の洗濯の進歩している側面を紹介したり、慶州の新羅文化の遺跡に感動したりもする[63]。そして、「近来一般に朝鮮人を危険視するの傾向が漸次深刻化する様に感ぜらるゝが、余を以て見れば之は余りに無理解で一種の偏

見であり、又侮辱的な見方である」とし、また前述の都濃郡の方面委員も「相互の人格を害し、延いては朝鮮統治の大策の為に有害」と述べ、日本人の対応の仕方の改善が主張されたりもした。さらに木村堯の、「一般内地国民が朝鮮人に対して有する優越的感情であり、鮮人軽侮の念であり、これらに基づく朝鮮人に対する不当なる取扱であるが、これを改めなければならぬ」というような見解も、この時期にはまだあったのである。

　以上のような朝鮮人に対するいわば「異文化理解」は、その後は徐々に影をひそめ、労務動員がはじまり、協和事業が推進されていく段階に達すると、ただひたすら「内地同化」を強いる論調に変わっていく。そうしたプロセスを、昭和館の館長であった薬師寺照宣の論考から見ていくことにしよう。

(3)　薬師寺照宣の朝鮮人観

　薬師寺照宣（1885～1978年）は、出身は大分県臼杵で、朝鮮総督府に勤務したのち、下関市社会課職員を経て当初昭和館書記となり、その後先の足立文男のあとを受けて二代目館長となる。1938年12月における彼の論考「下関市に於ける朝鮮同胞の概況」によれば、昭和館は「朝鮮人同胞の為めに設立された真の隣保事業にして、其の主眼たる精神的保護に全力を注ぎ、足と心とによる愛を以て居住者の精神的教化を計り、物質的の救助をなし自治的の活動機能を発揮さすべく」と、まず「真の隣保事業」という点を強調する。「精神的保護」とか「精神的教化」「自治的活動機能」などの内容は不明であるが、愛をもって精神的・物質的救助をなすという点に全力を注ぎ、それが達成されれば「一般の心境が更新され真の皇国臣民となる」とか、青年層に対して「善き青年とならしむると同時に、より善き家庭の人たらしめ、より善き社会の人たらしめ、更に進んでより善き国民たらしむること」というように、段階を経て内地化を計ることが重要で、そのためには児童の教育、内地語の習得、内地人との雑居を推進することが肝要だとする。

　表5-5でみたように、1928年段階でも昭和天皇即位に際して奉祝行列に

参加させたり、皇居遥拝式に参列させたりするなど、天皇への親近性を示しつつも、当初は隣保事業が主体で、それらの積み重ねの上に融和を図っていこうとしたのが薬師寺の方針であったと考えられる。

　しかし、1935年に前述の東和会の発足にあたって奔走・斡旋し、前述したように、また第6章でもふれるように、親睦・相互扶助の市内の団体を精神教化の団体に再編するのに力を貸す。また1936年に第一次協和会が山口県でも発足して以降は、薬師寺は、県内の長生炭坑・東見初炭坑・防府商業学校・富田町役場・大嶺村麦川小学校・沖ノ山炭坑・小野田小学校などで開催された「協和講演会並懇談会」の講師を務めたり、大阪で開催された「全国協和事業講習会」に、岡村社会事業主事補・高林特高課警部補・片木宇部署巡査・有吉下関署巡査とともに派遣されたりして、協和事業の媒介者としての役割を果たしていく。さらに1939年11月の関門日日新聞の特集記事では、「朝鮮同胞の保護も大切ですが、何といつても教化が先決ですよ。此処では児童は勿論、一般鮮人の指導教化を目指して講演会、講習会、懇談会、父兄会、母姉会等絶えず開き、時には職員が部落を巡つて、膝をつき合わせてその向上に努力してゐます」という談話を掲載し、朝鮮人の保護よりも指導教化を重視していることを強調している。ここでの教化の内容は、協和会体制下における「内地同化」へ導くものにほかならなかったのである。

　そうした考え方の底流を探るには、関門日日新聞に掲載された「大気の涼風」という薬師寺自身の随想が参考になろう。そこでは、涼しげな白の麻服を着て野外で興じる朝鮮老人の将棋を「誠に上品な娯楽だ」と表現したりする一方、その老人に「日本の軍隊の強いのは遠謀であり兵が大将の命を守り一心同体となり、天皇陛下を護るからだ」と語らせているのである。きわめて天皇に親近性の強い考えをもち、したがってさまざまな詔勅に現れている一視同仁や国体観念の考え方に共鳴し、それを体得した日本人は陋習を打破し、生活改善を実現しているので、朝鮮人も独自の風俗習慣に固執せず、これを改造していくべきであるという路線に同調していったものとみられる。

けっきょく薬師寺は、1942年6月に東京市の隣保館に転任することになる。それは下関における「業績」が評価された結果であったといい、その際「ご栄転」と称され、多くの日本人や朝鮮人から送別会をもって見送られる。[73]

以上にみてきたように、山口県下関市に作られた昭和館は、増加する来住朝鮮人に対し、救済保護のための諸施設、職業紹介・授産・託児所事業から日本語等の教育事業、そして講演・講習・協議会などの一般教化事業を展開し、それらを通じて日本での「忌憚のない就労」を実現するのに寄与していった。それを通じて、当初は日本人との「融和」を実現することをめざしたが、1930年代後半以降は、とりわけ1936年に山口県に第一次協和会が設立され、さらに1939年に第二次協和会が設立され、下関にもその支会が設置されると、保護・収容と日本語教育の場としては維持しつつも、朝鮮人の「内地同化」に寄与する場となっていったのである。それと同時に、昭和館に関わる人びとの言動も、「保護・扶助」的使命感や「異文化理解」の側面は後景に退き、協和事業＝「内地同化」を推進するものへと変容していったのである。

註
1) 上田献心「内鮮同胞の融和」（朝鮮総督府『朝鮮』1921年9月）、「朝鮮社会教化事業号」（『朝鮮』1921年6月）、山内彦策「朝鮮で始めての教化事業懇談会」（『朝鮮』1930年12月）。
2) 杉山博昭「山口県社会事業における『内鮮融和』」（『山口県社会福祉史研究』葦書房、1997年）、295～325頁。
3) 布引敏雄「昭和館と山口県協和事業―『内鮮融和』から『協和』へ」（『隣保事業の思想と実践　姫井伊介と労道社』解放出版社、2000年）、201～252頁。
4) 前田博司「昭和館の歴史」（『山口県地方史研究』第67号、1992年6月）、同「その後の『昭和館』」（『山口県地方史研究』第68号、1992年11月）。
5) 坂本悠一「福岡県における朝鮮人移民社会の成立―戦間期の北九州工業地帯を中心として」（『青丘学術論集』第13集、1998年11月）、184～185頁。
6) 樋口雄一「協和会前史」（朝鮮問題研究会『海峡』2、1975年7月）、6～12頁。
7) 塚﨑昌之「一九二〇年代大阪における『内鮮融和』時代の開始と内容の再検討

第5章　山口県における内鮮融和事業とその変遷　157

　　　—朝鮮人『救済』と内鮮協和会・方面委員」(『在日朝鮮人史研究』No.37、2007年10月)。
8)　同上、34頁。
9)　宗田千絵「神奈川県における協和事業と在日朝鮮人生活史（その一）」(『海峡』15、1990年12月)、「（その二）」(『海峡』16、1992年12月)。樋口雄一も前掲稿で、その運営は、金融恐慌や昭和恐慌によって財政困難に陥り、また愛知県の事例によりながら、朝鮮人自身の労働組合や民族的諸活動がこれらの組織と対立するようになったため、挫折を余儀なくされたという。
10)　堀内稔「兵庫県朝鮮人融和団体の系譜」(『在日朝鮮人史研究』第25号、1995年9月)。
11)　砂上昌一「戦前・戦時下における石川県の在日朝鮮人の諸相—人口移動・内鮮融和団体・朝鮮飴売り」(『在日朝鮮人史研究』No.39、2009年10月)。
12)　砂上昌一「戦前・戦時期における福井県の在日朝鮮人の諸相—人絹織物・失業者・労働争議・内鮮融和団体」(『在日朝鮮人史研究』No.40、2010年10月)。
13)　坂本悠一前掲稿。なお丸山学院については、樋口雄一の研究が詳しい。そこでは、主宰者の幸田タマの意図をこえて、警察署長の治安対策や八幡製鉄所の「安全」な労働力の確保に協力するところとなり、朝鮮人労働者からの攻撃にさらされたという。そして1937年度から福岡県社会事業協会の所管となって、名称も八幡協和会館となったという（樋口雄一『協和会　戦時下朝鮮人統制組織の研究』社会評論社、1986年、209〜218頁)。
14)　小松裕「一九二〇年代の熊本と朝鮮人—内鮮親和会を中心に—」『大正デモクラシー期の体制変動と対抗』熊本近代史研究会、1996年。
15)　下関昭和館に関する研究動向については、拙稿「戦前期山口県における朝鮮人の定住化と下関昭和館」(廣島史學研究會『史學研究』第256号、2007年6月)を参照のこと。
16)　「財団法人山口県社会事業協会設立趣意書」『山口県社会時報』第3報、1924年3月、15頁。以下『時報』と略す。
17)　芹沢勇『神奈川県社会事業形成史』(神奈川新聞厚生文化事業団、1986年)、223〜224頁。
18)　『時報』第1〜8号、1924年7月〜1925年2月。
19)　「第一回山口県社会事業大会記」『時報』(大会号)、1925年4月、1頁。
20)　『時報』第6号、1924年12月、14頁、第11号、1925年6月、13頁、第13号、1925年7月、9頁。
21)　「第二回山口県社会事業大会記事」『時報』第22号、1926年4月、16頁。
22)　「内鮮融和施設着手」『時報』第26号、1926年8月、18〜22頁。
23)　このときの寄付者は1,500円を出した林兼商店をはじめとして、市内、県内、県外から760名近くに及んだ（「昭和館建設費寄附者芳名」『時報』第24号、1928年6月、19〜36頁)。

24) 足立文男「差当り努力を要する県下社会事業の考察」『時報』第42号、1928年1月、24～28頁。
25) 木村生「社会事業と社会事業人（六）下関市の巻」『時報』第114号、1934年4月、25頁。
26) 今村孝行「昭和館について」（市立下関商業学校『関門地方経済調査』第十輯、1935年12月）、119頁、「昭和館奨励金」（『関門日日新聞』1935年12月14日付）。序章や第3章でみたように、1921年に総督府に社会課を設置し、社会諸施設に補助金支給を行うようになった。そうした動きの中での昭和館への補助金であって、問題の未然防止と「内鮮融和」を目的とし、その結果、朝鮮総督府としては、「大阪の内鮮協和会に次ぎ内地に於ける朝鮮人救済事業中最も見るべきものである」（「内地渡航朝鮮人労働者と昭和館」朝鮮総督府『朝鮮』1928年7月、135頁）と位置づけるほど、期待を寄せていたのである。
27) 「内鮮融和施設同和会成立す」『時報』第67号、1930年4月、23～24頁。
28) 「宇部市同和会館落成式挙行」『時報』第134号、1935年12月、41～42頁。
29) 山口県文書館所蔵、県庁戦前A総務1609『昭和十年一般社会事業 其ノ二』社会課。
30) 財団法人山口県社会事業協会昭和館『昭和六年昭和館事業要覧』1～2頁。
31) 同上、32頁。このほか昭和館には、庶務規程、宿泊規程、救済規程、授産規程、職業紹介規程、貯金組合規程などが設定されていた（同上、32～37頁）。
32) 内鮮協和会理事長平賀周「大阪に於ける鮮人保護施設」（朝鮮総督府『朝鮮』第109号、1924年5月）、林忠三郎「大阪府協和会の隣保館施設」（『協和事業』第2巻第3号、1940年4月）。
33) 『時報』第24号、1928年6月、36頁、財団法人山口県社会事業協会昭和館『昭和七年昭和館事業要覧』46頁。
34) 財団法人山口県社会事業協会昭和館『昭和九年昭和館事業要覧』15頁。
35) 「昭和館に於ける夜学開始」『時報』第97号、1932年10月、44頁。
36) 前掲『昭和七年昭和館事業要覧』19頁。
37) 前掲「内鮮融和施設着手」『時報』第26号、1926年8月、18～19頁。「一般教化」の内容としては、本書序章注17)、18)、19) 及び山内彦策「朝鮮で始めて教化事業懇談会」（『朝鮮』1930年12月、94～95頁）、朝鮮総督府学務局社会教育課『朝鮮社会教化要覧』（1938年）を参照のこと。
38) 「融和」ないし「内鮮融和」と「協和」の相違については、朝鮮総督府の広報雑誌『朝鮮』の1921、22年に掲載された「内鮮融和」の論考を見る限り、「内地人は朝鮮人の、朝鮮人は内地人の相互長所を扶助することが出来るならば、茲に始めて内鮮融和の契合点を見出すことが出来るであろう」（大邱・上田献心「内鮮同胞の融和」『朝鮮』1921年9月、81頁）とか、「両者の生活状態や風俗習慣を相互に理解せしむるやうにする事は、融和親善に最も必要であって」（吐雲「内鮮融和の一案」『朝鮮』1922年5月、206頁）とあるように、序章で見たような「協和期」における

第 5 章　山口県における内鮮融和事業とその変遷　159

朝鮮人の風俗習慣を否定するような論考とは異なっていたのである。
39)　前掲『昭和六年昭和館事業要覧』18頁。
40)　前掲『昭和九年昭和館事業要覧』29頁。
41)　「昭和館の授産開始」『時報』第100号、1933年2月、40頁。
42)　「就職者表彰式」『時報』第69号、1930年6月、44頁。
43)　前掲『昭和六年昭和館事業要覧』18頁。
44)　「就職者表彰式」『時報』第69号、1930年6月、44頁。
45)　「昭和館に於ける就職勤続者表彰式挙行」『時報』第116号、1934年6月、40頁。
46)　木村生前掲稿、「社会事業と社会事業人（六）下関市の巻」24頁。
47)　前掲、県庁戦前A総務1609『昭和十年一般社会事業　其ノ二』社会課。
48)　「総督府に応援を懇請」『関門日日新聞』1939年9月7日付。
49)　下関市史編修委員会編『下関市史』市制施行―終戦、1983年、687頁。
50)　「東和会の成立」『時報』第130号、1935年8月、23～25頁。『門司新報』1935年6月6日付「在関鮮人の大同団結」という記事では、「市内の鮮人二十二団体約六千人」によるものであったという。
51)　『関門日日新聞』1940年1月11日付。
52)　「佐賀県より本県協和事業視察の為来県」『時報』第18巻第3号、1941年3月、62頁。
53)　「昭和十七年度山口県協和会事業成績」（山口県文書館所蔵『協和事業団体並指導員設置ノ件・壮丁錬成所経費ニ関スル件』1941～43年）。
54)　山口県文書館所蔵『昭和九年山口県通常県会議事速記録』51～53、56～57頁。
55)　同上、572、575頁。今後は序章注27）でみた大阪府会での事例などと突き合わせて、全国的に検討していく必要があるだろう。
56)　「県下の自由労働者に就て」『時報』第30号、1926年12月、27～28頁。
57)　足立文男「内鮮融和問題に就て」『時報』第45号、1928年4月、13頁。
58)　宇野蘇泉「寄書　あかつち山を想ふ」『時報』第83号、1931年9月、32頁。
59)　「内鮮融和の宣伝」『時報』第31号、1927年1月、32頁。
60)　木村堯「内鮮融和事業私見」『時報』第122号、1934年12月、5頁。
61)　宇野の寄書が載った『時報』の第83号（1931年9月）には、「作業服普及」や「生活改善講演会」を伝える記事が掲載されている（19～23頁）。
62)　足立文男前掲稿、「内鮮融和問題に就て」14頁。
63)　篠崎生「朝鮮行」『時報』第29、30号、1926年11、12月。なお、『時報』の「昭和館特集号」（第46号、1928年6月）には、「朝鮮人の特性及び風習の長所」と題して、一般の特性として15項目、風習の長所として衣服容儀が5項目、食事に関するものが6項目、家族に関するものが8項目、言語に関するものが4項目、交際に関するものが5項目、動作に関するものが4項目指摘されている（46～47頁）。
64)　足立文男前掲稿、「内鮮融和問題に就て」14頁。
65)　木村堯前掲稿、5頁。

66) 前田博司「建物昭和館物語」9『長周新聞』1992年6月23日付。『福岡日日新聞』1929年6月3日付「昭和館一周記念教育映画会」の記事には、薬師寺館長が約500名の朝鮮人を前に片言の朝鮮語による開会の辞を述べたとある。
67) 薬師寺照宣「下関市に於ける朝鮮同胞の概況」(『同胞愛』第16巻第2号、1938年12月)、51～54頁。
68) 「下関在住鮮人団体合同計画」『防長新聞』1935年6月1日付。
69) 「協和講演会並懇談会開催」『時報』第148号、1937年2月、22頁。
70) 「全国協和事業講習会開催」『時報』第151号、1937年5月、38頁。
71) 「下関社会施設訪問記㈠ 半島同胞の太陽 昭和館の諸事業」『関門日日新聞』1939年11月19日付。
72) 『関門日日新聞』1939年8月11日付。なお、在日朝鮮人と天皇制に関しては、朴慶植「朝鮮人と天皇制」(『天皇制国家と在日朝鮮人』社会評論社、1976年)を参照のこと。
73) 「侍従御差遣の光栄を語る」『関門日報』1942年5月21日付、5月24日付。ほかに同紙1942年6月28日、29日付も参照のこと。

第6章

協和会体制下における朝鮮人対策

【扉の写真】
山口県協和会下関支会による真鍮食器の献納風景（『関門日日新聞』1940年12月22日付、山口県立山口図書館所蔵）

第6章　協和会体制下における朝鮮人対策　163

　以下ではまず、1920年代の山口県における各種の朝鮮人融和団体が、地域ごとに統合されていく一方、協和会という官製の団体が第一次から第二次へと転回をとげる過程を明らかにする。そして1939年12月に成立する山口県協和会（第二次）とその警察署管内ごとに作られる支会、さらにこの支会の中核メンバーとしての指導員や補導員の設置とその活動について明らかにし、協和会体制の末端機構がいかなる意図のもとに形成され、活動したのかを浮き彫りにしていく。

　協和会に関する研究史としては、朴慶植と樋口雄一の先駆的な研究がある。そこでは、特務機関的役割としての中央協和会設置の経緯、厚生省社会局を主管官庁とし内務省警保局が「格別の連繋」をもって推進したこと、中央協和会から末端会員に至る組織系統が図解され、各道府県の警察管区ごとに支会、東京・大阪・京都など大都市に指導区（事業区）、集住地区に分会を置くことなどが示されている。また、1939年10月10日付厚生省社会局長・内務省警保局長による「協和事業ノ拡充ニ関スル件」及び「協和事業応急施設要綱」、さらに「地方協和事業団体設置要綱」「労働者訓練施設要綱」「協和事業施設要目」などを紹介しつつ、協和会が在日朝鮮人対策組織として、「強制連行」労働者対応や皇国臣民化などの事業を全国統一的に行おうとしたことが指摘されている。末端機構に関しては、京都府の事例では、指導員は日本人有力者・朝鮮人雇用企業主・方面委員などであり、補導員は朝鮮人有力者とされており、日本人については名誉職的で実質的には警察の内鮮係員が担ったという。また兵庫県の場合は、在日朝鮮人有力者が指導員につき、それとは別に幹事（特高課内鮮係員）がおり、朝鮮人指導員の発言が盛り込まれていて興味深いが、名称や人数、役割に関してさらに綿密な分析が必要であろう。

　外村大による研究は、末端の朝鮮人側役員について、その多くは啓蒙や共済、保健、児童教育問題などの活動を続けながら他の朝鮮人をまとめるリーダーたちであり、役員となる前から日本国家の施策に協力的な立場をとっていたと推測される人物であったとしている。その一方、生活に関わる事業や

生活擁護の活動を続けていた人物も確認できるとし、日本の行政当局からすれば、そうした人物をリーダー層に位置づけることにより、在日朝鮮人社会に対する統合政策を実効あるものとしたとする。在日朝鮮人の意識面にまでたどって考察している点はすぐれているが、事例としてはまだ少ないといわざるを得ない。

　山口県における協和会に関しては、杉山博昭と布引敏雄の研究がある。前者は、もっぱら山口県社会事業協会の機関誌『山口県社会時報』によりながら、昭和館をはじめとする内鮮融和諸団体につき検討したうえで、協和会支会指導員に選任された朝鮮人は「思想健全」で体制に協力的な人物であり、それは朝鮮人教化が一定レベルにまで達したことを示しているとしている。後者については、1935年の山口県内朝鮮人団体一覧（特高課調査）や、1942年の山口県内協和会支会一覧などを掲げ、融和事業と内鮮融和事業が差別の結果とみるか文明の後れとみるかで異なっていたこと、協和事業は戦争の完遂のためのものであったことを指摘している。そして1939年12月1日の山口県学務部長名による「協和事業ノ拡充ニ関スル件」（原文）を引用し、労務動員計画実施のための協和会設立であったことを指摘している。しかしいずれにあっても、戦時体制の進行のもとで、山口県協和会及び支会の位置づけや活動を系統的に追ったものではなく、時期的推移に即してあとづけ、整理しなおす作業が必要であろう。

　以下では、山口県協和会と支会の組織と活動について、「事業計画書」「事業成績書」、そして新聞や山口県社会時報の記事などをもとに時系列的にたどることによって、県や支会レベルの協和会の実態に接近してみたいと考える。その際、朝鮮人側の中堅人物を明らかにするとともに、朝鮮人女性の役割や日本人指導員の役割にも留意しつつ検討していきたい。それらを通して、協和会体制への移行からそれが確立し、そのもとで立ち上がった山口県協和会の組織と活動に関してみていくことによって、一県に着目した場合のこの間の政策の流れを追跡することができると考える。

第6章　協和会体制下における朝鮮人対策　165

1．協和会体制の構築

　山口県においても、他府県と同様に、1920年代以降各種の融和団体が作られ、1934年末には下関市に24、山口市に3、宇部市に2、その他17カ所にあわせて46の団体があったという[7]。その代表的なものが、第5章でみたように、下関昭和館であり、宇部同和会であった。

　1935年5月6日、県社会課主事の木村堯は、内鮮融和に関係ある市町村長（200人以上在住の15市町村）と県の社会課長・学務課長・社会教育課長・特高課長等を県庁に会し、「保護教化指導ノ徹底ヲ期スル為内鮮融和対策協議会ヲ開催可相成」として、一、在住朝鮮人ノ生活状態ニ関スル件、二、教化指導ノ方策ニ関スル件、三、教育施設ノ整備ニ関スル件、四、指導機関ノ設置ニ関スル件、五、融和保護団体ノ整備改善ニ関スル件、六、融和保護団体ノ連絡統制ニ関スル件、七、一般内鮮融和対策ニ関スル件の7項目を検討したい旨の発議を行っている。序章で見た大阪府内鮮融和事業調査会のように、「五、在阪朝鮮人ノ内地化生活改善等教化方法ニ関スル事項」はまだあがっていないが、参考として大阪府の当該調査会の調査事項もあげられており、在住者の激増（このころ在山口朝鮮人は2万4千人に達した）に対応して保護教化指導の徹底を期するため協議会をもったことが確認できる[8]。

　同年6月には、県社会課長（井口）・同主事（木村堯）・薬師寺昭和館長の3名が朝鮮総督府の招待で朝鮮各地の視察に出ており、その際には、「最近特に政府が内鮮融和事業の奨励に重きを置き過般の特高課長会議にもこれが議題に供せられ」ており、「融和事業向上発展の参考に資せしむる」ためと報道されている[9]。ここでの「内鮮融和」の意味するところがどのようなものであったか不明であるが、木村主事のこの時の旅行記によれば、「内鮮同和の方策は勿論多岐であるが、其の方法の一として服装の内地化を図るは極めて必要」で、形式的方法による深化を図るべしとして、「内地同化」への傾

斜を確認することができる¹⁰⁾。

こうした動きに対応して、下関に関しては、同年7月、各種融和団体を整理・統合して東和会を設立したものとみられる¹¹⁾。

1936年になると、国庫予算が計上されたことにより、山口県でも10月29日に山口県協和会（第一次）が設立される¹²⁾。その第三条には「本会ハ山口県下ニ居住スル朝鮮人ニ対シ国民精神ノ涵養ニ努メ其ノ福利増進ヲ図リ国民親和ノ実ヲ挙グルヲ以テ目的トス」とあり、目的として「国民精神の涵養」「福利増進」「国民親和」が掲げられている。事業としては、1．生活状態ヲ調査研究スルコト、2．教育教化施設ヲ為スコト、3．生活ノ保護指導ヲ為スコト、4．帰還者ノ保護ヲ為スコト、5．其ノ他があった。事務所は県庁内に置かれ、会長は県知事、理事には県の学務部長や社会課長が就くなど、官製的団体として、生活状態の調査と保護指導を含ませつつ教化を押し出していることがわかる。また帰還者の保護を掲げているのは山口県の特徴といってよいものであろう¹³⁾。

1937年2月から3月にかけて山口県協和会は、「協和講演会」と称して県下西岐波村、東見初炭鉱、防府商業学校、富田町役場、大嶺村麦川小学校、沖ノ山炭鉱、小野田小学校で講演会・懇談会を開催している。その主旨として、「在住鮮人諸問題発生の根原は鮮人の多くが全然国民的自覚の域に達して居ないといふ点と、日常生活態様や衛生観念に於ても依然旧殻を脱せず、特殊な慣習に滞んで内地の生活に同化しやうとは努めない」という点をあげ¹⁴⁾、「国民精神の涵養」と日常生活・衛生の旧態依然を指摘し、「特殊な慣習」であることを強調し、朝鮮人の精神と生活実体の改造を指摘して「内地同化」を推進しようとする。

ただし会員に関する規定がなく、役員に警察関係者も入っていないというものであり、37年3月には、県社会事業協会協和部ないし協和事業部が引き継いだという¹⁵⁾。同年には、リーフレットが発行され各戸に配布された。このリーフレットには、1．祝祭日には必ず国旗を掲揚すること、2．挙式的会

合には必ず国歌を斉唱すること、3．就学適齢児童は男女を問わず必ず入学させること、4．常に国語を使用しこれが習熟に努めること、5．家庭の内外および共同便所は常に清潔にすること、6．種痘を励行すること、7．濁酒密造の悪風を矯正、違反行為なきこと、などが盛り込まれた[16]。上記の主旨がより具体化されて示されていることがうかがえる。しかしこの段階では、県内にまだいくつかの融和団体が存在し、それらが協和会支会という形で統合されたわけでもなかった。

その後1939年になると、5月に1千余人を構成員とする「船木協和会」が設立される。さらに6月には2千百余人を構成員とする「小野田協和会」が、8月には3千余人を構成員とする「徳山協和会」が発足する。小野田協和会は「半島人相済会」と「相愛会」を一体化し、民風振興、生活改善、品位向上をめざしたものであり、徳山協和会は互助機関としてあった「共進会」と「共正会」を合併したもので、いずれも両地の警察署長が会長に就任した[17]。このうち小野田協和会では、その役員として一般工場、会社、炭坑等の係員から百余人を選抜し、警察署が中心となって生活・風俗・礼儀等の改善、愛国貯金の奨励などの指導を行ったという[18]。大阪府などでは、すでに警察署が中心となった支部ができており、融和団体の統合も進められており、そうした「先進」事例をいち早く取り入れたものといえる[19]。また日中戦争開始後の時局対応的な愛国貯金なども盛り込まれていることがうかがえる。先の下関東和会や宇部同和会も、そうした役割を先取り的に果たしていたものと位置づけられよう。

こうした動きと相前後する形で、すでにみたように、1939年6月に財団法人中央協和会が設立され、9月からその機関誌『協和事業彙報』が発行される。その第2号には、厚生省社会局長並に内務省警保局長連名により同年10月に出された通牒「協和事業ノ拡充ニ関スル件」を解説して、「一視同仁ノ聖旨ヲ奉体シテ内地ニ在住スル外地同胞ノ内地同化ヲ基調トシ之ヲ保護善導シテ生活ノ安定ヲ図リ以テ皇国臣民トシテ報效ノ誠ヲ全フセシムルト共ニ内

地同胞ノ相愛ノ情誼ノ促進ヲ期シ、国民諧和ノ実ヲ収メルニアル」として、一視同仁の名のもとに「内地同化ヲ基調トシ」、生活の安定を図り皇国臣民として「報効の誠」を尽くさせようとするのである。またとくに多数労働者の移住をみることとなった今日、第二予備金の支出により協和事業の拡充強化を図ろうとしているのは、誠に適切な措置だとする。その要綱の概要（「協和事業応急施設要綱」）では、指導職員の配置、地方協和事業団体の組織充実に続けて、労働者の保護指導、労働者移入雇傭主に行わせる施設、移入及び帰郷保護に関する連絡など、「移入（労務動員）労務者」関係の施設につき解説している。また、方針や組織、活動内容、会則例などを示した「協和事業応急施設要綱」「地方協和事業団体設置要綱」「労働者訓練施設要綱」「協和事業実施要目」「何々道府県協和会会則例」「何々道府県協和会支会設置規程例」「何道府県協和会何々支会会則例」を掲載する[20]。

　これによって「内地同化」の方針のもとに、従来の協和会の拡充を図り、かつ「労務動員」政策による大量の朝鮮人労働者の教化が実施されていくことになったのである。

　なお下関市の場合、協和会下関支会とほぼ同時に設置された山口県社会課出張所の果たした役割も大きかったものと思われる。それは、政府からの人件費補助もあったようであるが、社会事業主事以下8名を配置し、同時に渡航案内所も置くとした[21]。その職員服務規程によれば、一、移入朝鮮労務者指導監督に関する事項、二、協和会其他協和事業団体との連絡に関する事項、三、密航朝鮮人に関する事項、四、内地朝鮮人の教化指導に関する事項、其他内鮮協和に関する事項とあって[22]、協和会と連絡をとりながら来住朝鮮人の指導監督や密航取締りにあたり、教化指導を行うものとされた[23]。こうして、1939年12月12日に下関市庁内に出張所を開所し、下関駅構内に内地渡航者保護斡旋所を置き、係員を常置した。その際、移住労務者の取扱に関して各府県協和会と連絡を緊密にし、山口県や雇傭主、朝鮮総督府からの通報を台帳に記載するなど、来住朝鮮人の掌握に努めたのである[24]。

2．協和会の組織

(1) 山口県協和会と支会の設置

　こうして山口県では、全国一斉の同一方針のもと、全県的な組織として1939年12月、山口県協和会（第二次）が誕生する。会則の第三条は「本会ハ一視同仁ノ聖旨ヲ奉体シ山口県内ニ在住スル半島同胞ノ内地同化ヲ基調トシ生活ノ改善向上ヲ図リ国民諧和ノ実ヲ挙グルヲ以テ目的トスル」とあり、武田行雄が38年に掲げた協和事業の目的や先（167頁）に掲げた「解説」とほぼ同一で、1．一視同仁、2．内地同化、3．国民諧和が盛り込まれていることがわかる。そしてその事業として、やはり「道府県協和会会則例」を踏襲し、1．国民精神ノ作興、2．協和事業ノ趣旨ノ普及徹底、3．矯風教化、4．保護指導、5．福祉増進、6．協和事業ニ関スル調査研究、7．其ノ他必要ト認ムル事項の7項目が掲げられ（第四条）、国民精神の作興や協和事業の徹底が上位に並び、前段階の第一次の事業が、第一に生活状態を調査研究するとなっていたり、漠然と教育教化施設を為すことなどとしていたのに対して、明らかに拡充化・整然化していることがうかがえる。経費は補助金や資産による収入その他とし、会員は山口県内に在住するすべての朝鮮同胞で正会員と準会員に区分された。会長は県知事が務め、副会長に県学務部長と警察部長が、常務理事に県社会課長と特高警察課長が就任した。また評議員としては、主な市の市長や町長のほか、労道社主、方面委員、昭和館長、そして県内主要企業である東見初炭鉱、林兼商店、長生炭鉱、本山鉱業、山陽無煙炭などの社長・所長・組合長が就任した。新しく会員に関する規定が設けられ、すべての「半島同胞」となったこと、副会長の一人は県警察部長に委嘱するとなったこと、支会に関する規程が設けられたことなどが変わった点であった。政府からは山口県に限り属通訳及び雇員若干名を置くための補助金が出た。

表6-1　1943年度山口県協和会支会の動向

支会	設立年月日	会員数	正会員	分会数	補導班数	補導員
久賀	40. 2. 6	320	117	4	14	14
岩国	40. 3. 9	4,268	548	7	65	65
本郷	40. 1.30	838	314	8	13	10
柳井	40. 3.11	983	498	-	9	16
高森	39.12.15	652	245	-	22	22
平生	39.12.20	1,889	782	13	13	31
光（室積）	40. 2. 1	3,471	1,996	-	35	35
徳山	40. 3. 6	5,262	2,351	9	84	84
下松	39.12. 6	1,300	460	-	28	40
鹿野	40. 1.23	656	213	-	14	14
防府	39.12.18	3,368	1,810	13	19	53
堀	39.12.20	655	187	6	17	17
山口	39.12.26	1,221	366	-	23	35
小郡	40. 1.16	1,023	192	7	17	17
船木	39.12.20	9,205	3,230	15	-	140
小野田	39.12.18	14,250	2,430	-	109	109
宇部	40. 1.25	22,473	9,426	12	14	211
豊浦	40. 2.25	3,170	1,342	9	32	32
西市	40. 1.23	2,437	865	7	33	38
小串	40. 1. 1	1,299	419	10	22	15
大田	39.12.18	938	272	8	-	8
伊佐	40. 2. 4	5,139	2,227	-	28	51
深川	40. 1.27	1,040	287	4	20	6
人丸	39.12.20	472	152	-	10	10
萩	40. 2. 8	936	410	-	17	17
生雲	40. 1.23	1,171	343	7	17	24
須佐	40. 3. 9	518	204	6	14	20
下関	39.12. 1	26,212	6,778	2	241	243
下関水上	41. 6.22	3,132	2,513	-	-	64
計		118,298	40,977	147	930	1,441

①出典:「昭和十八年度山口県協和会支会指導員設置計画書」（山口県文書館所蔵、県庁戦前A総務1645『協和事業団体並指導員設置ノ件・壮丁錬成経費ニ関スル件』1941～43年)、より。
②太字の10カ所は1942年度に新たな「指導員」が配置された支会を示す。「会員数ト在住者総数トハ一致スルヲ原則トス」とある。
③須佐の会員数は合計値があわないので修正した。

第6章　協和会体制下における朝鮮人対策　171

　その結果、各地にあった融和団体は解散させられ、また各地の協和会は山口県協和会の支会となり、宇部同和会や下関東和会はその役割を支会に譲り解散することになる。そして表6－1に示すように、県内警察署管内ごとに、12月中に11の支会が、そして40年3月上旬までに17の支会が設置される（下関水上署は41年6月）。「山口県協和会何々支会会則」（1939年12月1日制定、中央協和会作成の会則例が10条であったのに比して19条からなり、役職員なども具体的に示されている）によれば、支会の会長は警察署長が、副支会長は市社会課長（町村の場合は助役又は社会係主任）が委嘱された（第五条）。支会には指導員及び補導員を置き、支会長の指揮に従い会員の指導及び補導に従事するとされた（第十条）。

　支会には分会を置くことができるとされ（第十六条）、やはり表6－1に示すように1943年度には18の支会に置かれたが、そのカバーする人数は一定していなかった。山口県の場合は大量に集住する地区ばかりでなく、玖珂郡麻里布分会、美祢郡大田分会、吉敷郡嘉川分会というように、町村に分散して居住する地区にも分会が置かれたのである。

(2)　**指導員の設置**

　1942年の史料にある「支会会則」によると、その第十条に指導員及び補導員を置くとされ、指導員は2千人以上の会員を擁する支会に置くとされた。また正会員10〜30人に補導班が1班作られ、その班ごとに補導員が配置された。表6－1から、補導班が船木と大田以外に設置され、そこに補導員がほぼ班数に応じて配置されていることがわかる。

　1942年度には厚生省及び内務省より各県知事宛に「協和会支会指導員設置奨励ニ関スル件」（1942年12月26日付）が出され、激増する移入労働者対策と徴兵制の施行に向け、協和会の下部組織を強化するためとして、「指導員」設置のための補助金が支出されることとなった。山口県では表6－2に示す10人が各支会長より推薦された。その顔ぶれは、朝鮮人5人、日本人5人で

あった。この指導員と前記の分会に配置された指導員の関係は不明であるが、まず岩国、光（室積）、徳山、船木、小野田、宇部、豊浦、西市、伊佐、下関の10カ所に配置され、のちに平生、防府、下関水上にも置かれた。

　ここで選抜された朝鮮人指導員の特徴は、全員創氏しており、年齢は40歳前後、学歴は公立普通学校卒や漢文学校卒と日本内地の中等学校を出ており

表6－2　山口県協和会支会指導員一覧

支会	日朝別	生年	本籍	最終学歴（兵役）	職歴等経歴
岩国	朝鮮人A	1894	慶尚南道晋州	公立普通学校卒	牛乳配達員
光(室積)	朝鮮人B	1903	慶尚南道心陽郡	京城中等学校中退 京都桃山中学卒	製紐工場経営 徳山で米穀商 光特殊料理屋
徳山	朝鮮人C	1900	慶尚南道蔚山郡	漢文学校卒	神戸山下汽船船員 →呉服商 徳山協和会書記
船木	日本人F	1912	厚狭郡船木町	豊浦中学中退 陸軍上等兵	雑貨商、朝鮮総督府雇、船木青年学校指導員補助
小野田	朝鮮人D	1901	慶尚南道密陽郡	東京商工学校高等科中退	密陽教員、貿易店勤務、福岡相愛会本部、小野田支部毎日新報記者
宇部	朝鮮人E	1909	全羅南道長興郡	公立普通学校卒	面書記、現在無職
豊浦	日本人G	1919	下関市大字前田	長府実践学校 長府青年学校卒 陸軍上等兵	農業、青年学校指導員
西市	日本人H	1919	豊浦郡豊田下村	豊浦中学卒	豊浦下村役場公吏
伊佐	日本人I	1918	美祢郡伊佐町	高等小学校卒 伊佐青年学校卒 騎兵上等兵、兵長	農業
下関	日本人J	1913	下関市竹崎町	下関商業中退 陸軍上等兵	日本漁網船具入社 自家書籍雑誌商、協和会常任指導員

出典：表6－1に同じ。

第 6 章　協和会体制下における朝鮮人対策　173

高学歴であった。経歴は官吏や在日朝鮮人団体の書記などの経験者、そして諸商・被傭人であった。なおまたその推薦理由書によれば、一人は支会の補導員中より厳選したとあり、いま一人はやはり支会補導員で統率力に優れていること、もう一人は朝鮮にいたころの特高係より推薦を受けたこと、「協和事業ノ特質ニ鑑ミ最初ヨリ上司ノ意図通リ純粋ノ指導教化ニ当タラシメントスルニ在リテ適材ト認ム」とあって、内地で悪風になれたものより最近来たばかりのものの方がふさわしいという点があげられている。

　日本人指導員の特徴は、第一次大戦前後の生まれで23歳から30歳までの若い世代であり、学歴は中等学校や青年学校程度であった。経歴としては、4名が軍隊経験者であり、また青年学校指導員や協和会支会常任指導員、地方公吏ないし総督府官吏経験者が含まれていた。また支会長の推薦書によれば、一人は朝鮮語に通じていること、一人は翼賛壮年団の班長を兼務し翼賛理念に徹していることがあげられている。

　いずれも一定の学歴を有し、軍隊経験や官公吏の経験をもった、地域社会のリーダー的存在であったということができよう。

(3)　補導員の設置

　朝鮮人補導員に関しては、詳しいことは不明である[32]。しかし新聞報道から、1940年4月の徳山支会の創立総会には7,300人が集まり、補導員60名が着任したとあって[33]、支会設置と同時に補導員が置かれたことがわかる。また1941年11月には山口で特高係の斡旋で、補導員が神棚の製作にあたったとあり[34]、1942年6月には、徳山で約100人の補導員を集めて協議会を開催し、9月には豊浦郡補導員懇談会を開催し、12月には下関で補導員総会を行って、新たに補導員135人を任命したとある[35]。随時拡充されていったことがうかがえる。

　実際の補導員としてどのような人物がなったかについては、山口で優良補導員として表彰された3人のなかの1人は、パン製造業を営み、30歳で隣保組長の要職を務めており、山口県協和会支会旗を寄附し、人格者で勉強家で

会合では雄弁をもって赤誠を吐露する人物であったという[36]。また同じく山口支会の茶畠・惣太夫・今道区内の「指導員」であった43歳の人物は、1930年に山口市に来て、田5反歩を耕作し、家族8人のうち長男は鴻城中学に通わせており、愛国心に富み千円以上を献金し、勤労奉仕を厭わない人物であったという[37]。

先の補導員の中から指導員に推薦された朝鮮人A、Bは、それぞれ牛乳配達員と料理店営業ということで、自営業者もいれば被傭人もおり、積極的に愛国的行動を起こした人物であったといえる。

なお船木支会では、1943年4月になると「従来の区々複雑せる機構及び中心なき散弾的指導を一掃し、之が組織を簡素化すると共に、指導方針を補導員中心主義に改め会員の自発的活動を促し以て協和事業の急速なる進展強化を期することとなつた」として、一、支会指導員20人（内地人）並に分会幹事7人（内地人）の廃止（ただしそれぞれ支会や分会の相談役とする）、二、各分会長の下に15人の補導員長（半島人）を新設し分会内補導員の代表として補導員の統制指揮監督にあたらせ、支会常任指導員として内地人2人を置き、その他補導員長会議、補導員集会、補導員総会を設けるとした[38]。支会常任指導員2人（その1名は表6－2の日本人Fであろう）と15分会の分会長は日本人が就いたが、15分会ごとに朝鮮人補導員長を置き、さらにその下部に表6－1に示す140人の朝鮮人補導員がいて朝鮮人9千人を統括するという体制が作られたのである。

また、岩国でも1943年7月の補導員集会で、従来の80余名の補導員を8分会35人の重点的補導陣に改組したとあり[39]、宇部では44年2月に各補導区ごとに貯蓄奨励委員1人と婦人補導員2～3人を増員するというてこ入れを行っていることがうかがえる[40]。

いわば協和会組織の末端に指導員・補導員体制を築き上げ、彼らを前面に立てて「内地同化」という教化を行っていこうとしたのである。

3．協和会の活動

　主として融和団体に関してはこれまで、神奈川県の事例により、「融和」から「内地同化を基調とする矯風、教化、生活改善」へとより内地同化の度合いを強め、戦時体制への動員を図っていったとか[41]、大阪府の事例により、保護救済事業（職業紹介、救貧、施療、行路病者・孤独者・失業者救済、人事相談）や生活改善事業から、「日本人化」のための統制・抑圧や動員・勤労管理に重点を移していったこと、教育面でも労働夜学校が開設されたりしたものが財政基盤が弱く、またと当局による弾圧もあって後退していくことなどが指摘されてきた[42]。またそれでも、東京調布や京都向上館の事例にみられるように、生活改善の諸活動が限定的ながら続けられていたという[43]。

　以下では、山口県の場合について、県レベルと支会レベルに区分してみていこう。

(1) 県レベルの活動

　山口県の県レベルにおける協和会の活動に関しては、「昭和十六年度山口県協和会事業成績」「昭和十七年度山口県協和会事業成績」「事業執行状況調書　昭和十七年度」（山口県文書館所蔵『協和事業団体並指導員設置ノ件・壮丁錬成所経費ニ関スル件』1941〜1943年所収）という資料からうかがうことができる。

　それによると、県主催としてまず、理事会・評議員会を年度末に開催する一方、1941年度には協和教育懇談会を県庁で開催し、23人の参加をみている。42年度には協和教育研究懇談会を下関昭和館で開催し、下関地方国民学校30校の校長、首席訓導35人が参加し、皇民化教育の徹底は協和事業遂行上影響大であるとして、その指導取扱につき研究懇談している。協和事業座談会は、41年度には阿武郡佐々波国民学校、豊浦郡粟野国民学校、阿武郡宇田郷国民学校で開催され、あわせて227人の参加をみている。42年度には、「移入労務

者」の訓練取扱の強化徹底を期するため、各事業場責任者30人を県庁に集めて協議懇談している。

　半島人指導懇談会は、1941年度は県下29カ所に1,245人を集め実施し、その内訳は内地人592人、朝鮮人653人であった。42年度には12月に「移入労務者」指導者懇談会を宇部市（東見初炭坑・沖ノ山炭坑）、大嶺町山陽無煙炭鉱業所、小野田市（本山炭鉱・大浜炭坑）の5カ所で開催し、130人を集めている。「移入労務者」指導者の強力で適切な指導を促し指導教化の徹底を期するためという。

　中堅人物長期錬成講習会は、41年度には5カ所の協和道場で239人を集めて実施し（山口支会では隣保館で3カ月間実施）、42年度は「協和宣誓」と題し、「会員中堅者の錬成を図る為」として16カ所で1,009人を集めて2週間から2カ月余りにわたって実施している。各支会の日本人指導員や朝鮮人中堅人物、そして「移入労務者」受入事業所の指導員などを中心に懇談会・講習会を開催し、41年度の小野田市・伊佐町の講習会では、県の社会課長や特高課長が立ったという。期間及び規模において第一次の際（年1回2日間）をはるかに上回っていたことが知られる。

　これらを実施するにあたってのテキストは、中央協和会や中央レベルの協和指導者講習会へ職員を派遣し、仕入れたのである。また県内の各支会に対しては、9〜10の支会総会へ職員を派遣し、29の支会へは両年ともに合計して3,000円の補助金を交付している。

　そのうちこの時期にあって特筆すべきは、生活改善と銃後奉公運動であった。前者に関しては、主として婦人を対象として、まず生活改善婦人講習会を両年ともに4カ所で実施している。その際、「内地化は婦人の生活刷新から」というかけ声のもと、服装・言語ともに「内地化に近づいた」中堅婦人が集められ、内地の礼儀作法を指導し皇国臣民としての自覚を促したという[44]。さらに41年度の特記事項として、生活改善奨励として支会の下部組織である班を単位として生活改善をさせるため4班に対し合計で奨励金160円を支給

第6章　協和会体制下における朝鮮人対策　177

したことがあげられている。また協和思想の普及ということで、各種講習会、協議会、懇談会等を利用し、また各支会を督励して支会補導員会、班常会等あらゆる機会を利用して協和観念の普及を図ることもあわせて行われた。

　後者の協和会銃後奉公運動は、両年とも奉仕や慰問、墓地参拝、貯蓄奨励などを行っている。とくに41年度は国民貯蓄の重要性の認識徹底や貯蓄の強化励行、国債・債券の完全消化、国民貯蓄組合加入奨励などを行い、42年度はそれらに加えて全国的運動に呼応して3,951円の貯金、8,149円の債券消化、1,564円の簡易保険加入を実現させている。

　また1941年12月には、協和資料第三輯として『防長路に馥る協和銃後美談』（全20頁）という冊子を発行している[45]。そこでは、出征軍人遺家族のための勤労奉仕・供物料・見舞金拠出、防空訓練・隣組活動・災害救援等の隣保相扶、無為徒食を改め禁酒・禁煙・残業により、あるいは聖恩の洪大であるのに鑑み、また戦地で奉公するかわりの献金品、食糧増産のためや護国神社での勤労奉仕、開墾・共同耕作による生業報国、率先して貯蓄割当を励行、神棚設置や神社・氏神への参拝による敬神、廃品回収箱の設置やブリキの切屑拠出による資源愛護などの「美談」が並べられ、もっぱら時局対応のてこ入れを図ろうとした。

　さらに42年度は「移入労務者」への対応策が顕著にみられる。「移入労務者」指導者の懇談会を行ったり、「移入労務者」に対して直接訓練指導を行ったり、「移入労務者」に関する全国協議会に参加したり、「労務動員」計画による集団移住者の訓練を5カ所で実施し定着指導を行うなどである。これは契約満期者への更新促進ということであり、また国語常用運動も新規労働者対策ということができよう。43年度計画になると、協和事業関係者・雇傭主等の協議会を15カ所で行うとしているほか、夜間の壮丁訓練が新たに加えられ、44年度より実施される徴兵制度の準備教育として規律訓練を行うとしている。実際、表6-3に示すように、県内54カ所の錬成所に4～16人の指導員が配置され、錬成が行われたのである。

表6-3　壮丁錬成所指導員一人当配当表（1943年9月5日決裁）

支会名	錬成所名	錬成人員	配当指導員数	支会名	錬成所名	錬成人数	配当指導員数
久賀	久賀	9	4	宇部	宇部第二	27	4
岩国	岩国	60	4	宇部	宇部第三	38	4
本郷	本郷	14	4	宇部	宇部第四	168	8
柳井	柳井	25	4	宇部	宇部第五	229	12
高森	高森	7	4	宇部	宇部第六	15	4
平生	平生	44	4	宇部	宇部第七	14	4
平生	伊保庄	8	4	豊浦	豊浦	73	4
光	光	21	4	西市	西市	38	4
徳山	徳山	46	4	西市	殿居	13	4
徳山	徳山鉄板	79	6	小串	小串	13	4
徳山	富田	21	4	大田	大田	18	4
下松	下松	33	4	大田	秋吉	9	4
鹿野	鹿野	9	4	伊佐	伊佐	10	4
防府	防府	55	4	伊佐	大嶺	20	4
堀	堀	13	4	伊佐	厚保	13	4
山口	山口	34	4	伊佐	山陽無煙	57	4
小郡	小郡	41	4	深川	深川	11	4
船木	船木	71	4	人丸	人丸	10	4
船木	厚狭	90	6	萩	萩	25	4
船木	王喜	41	4	生雲	生雲	12	4
船木	厚東	20	4	須佐	須佐	17	4
船木	万倉	18	4	下関	下関第一	55	4
船木	小野	17	4	下関	下関第二	87	6
小野田	小野田	93	6	下関	下関第三	147	8
小野田	高千帆	83	6	下関	下関第四	116	6
小野田	本山	83	6	下関	下関第五	57	4
宇部	宇部第一	57	4	下関水上	下関水上	327	16
				計	54カ所	2,711	258

①出典：表6-1に同じ。
②「指導員」1人につき60円、計15,480円が支出された。

第6章 協和会体制下における朝鮮人対策 179

中央と支会とのあいだに立って、県の協和会が、職員や指導員を通じて、「内地同化」や時局対応の活動を展開していこうとしたことがうかがえよう。

(2) 支会レベルの活動

　支会レベルの動きについては、当時県内で発行されていた新聞記事からうかがうことができる。1940年中の徳山支会の活動状況をみると、5月31日に幹部会を開き、1．会員名簿の作成、2．協和婦人会設立、3．協和青年団設立、4．協和会服装統一、5．支会区人口調査実施、6．氏制度徹底、7．興亜奉公日に神社参拝などを行う計画をたてている（『関門日日新聞』1940年6月2日付、以下日付は同紙、1942年2月以降は『関門日報』に紙名変更）。8月24日には西部第二区協議会を開催し、国防基金献納運動や協和事業の趣旨徹底を図るべくこれを実践するための協議を行っている（8月29日付）。11月1日からは3カ月間、1日おきに毎晩3時間ずつ協和会幹事が推薦した青年50名を対象として「半島成人講座」を開催するとしている（10月20日付）。

　1941年に関してやはり徳山についてみると、生活改善実践要項を定め、戸主月例会をもって神社参拝、神棚設置、一視同仁・内鮮一体理念指導、時局認識強化、迷信打破、色衣着用励行などを実践させるとした（1941年10月3日付）。さらにこの年には、各地で愛国班や愛国推進隊を組織し、矯風教化、労働能率増進、節米食糧増産、泥酔朝鮮人に時局認識徹底、荒廃地・空閑地の耕作、勤労奉仕慰問などの「愛国運動」を展開している（4月22日付小野田、5月5日、8日付小郡、5月7日付伊佐、9月23日付下関）。なかでも下関では、下関協和愛国推進隊（隊長・特高主任鍋丁）が副隊長の東司（在日朝鮮人で1942年に市会議員に当選）の総指揮のもとに、市内四地区で神棚奉置・夜学校開設・金属類回収など積極的な皇民化運動を展開したという。[46]

　1942年には、5～6月に徴兵制に関して感謝奉告祭や祈誓祭を各支会で開催し、貯蓄債券の購入や国防献金の寄託を行う（5月14日付防府、6月3日付岩国、6月6日付山口、6月11日付徳山、6月17日付下関）。また室積では主とし

て労働者の移動防止の観点から「勤励報国労務手帳」を交付し（10月22日付）、徳山では勤労報国隊を組織し宇部炭田へ増産戦士を送っている（12月7日付）。生活改善・愛国報国運動推進のための指導協議会・懇談会と称する会議も各支会でくりかえし実施され、指導員に対する教化がなされていった。

　1943、44年になると、「錬成」「壮丁錬成」が主な活動となり、前段階で「協和道場」となっていたものが「錬成道場」となり、徴兵制の実施に備える訓練が支会単位で行われるようになる。とりわけ「壮丁錬成」に関しては、山口県では内政部長名で1943年6月19日、各市町村長、学校長、在郷軍人会宛に「内地在住朝鮮人壮丁錬成ニ関スル件」を発し、協和会支会にこれを実施させるとした。その結果、各支会で錬成所や道場が作られ、その際まとめられた「壮丁錬成要綱」（厚生・内務・陸海・文部各省の協力による審議委員会が1943年6月に定めたもの）によれば、目的として「内地在住朝鮮人男子青年ニ対シ心身ノ鍛錬国語ノ習熟其ノ他皇国臣民トシテ必須ナル訓練ヲ施シ将来軍務ニ服スベキ場合ニ必要ナル資質ノ錬成ヲ為ス」という点が掲げられた。[47]

　このほか協和会支会には婦人部ないし女子青年部の組織が作られていった。まず1940年7月、柳井町在住の60余人が集まり、非常時国策に協力しようと柳井町協和婦人会を創立した（1940年7月23日付）。下関でも同年11月、60人が集まって協和会支会女子青年団を組織し、神本会長ほか35人の役員を選出している（11月19日付）。そして12月には「下から盛り上がる半島婦人の心意気を示すはこの時」として真鍮食器40貫を献納する（12月22日付）。さらに翌年6月には中央協和会から『協和国語読本』90冊を取り寄せ、言葉遣い、挨拶の仕方、礼儀法などを学ばせる（1941年6月7日付）。

　山口支会では全国にさきがけて「婦徳補導所」を新設し、管内12補導区ごとに1名の朝鮮人女子補導員を選定し、市長夫人を中心に礼儀作法、服装、言語などの風俗習慣を「改善」させ、これらの補導員を通じて全会員に「内鮮融和」（ママ）の実を挙げていこうとする（1942年3月14日付）。そして、管内12補導区に朝鮮食器の献納を呼びかけ、食器、洗面器、香炉など950点を

供出している（1942年12月22日付）。

　宇部支会でも、1942年4月に内地人婦人補導員を朝鮮婦人15人に1人ずつ付け、礼儀作法、服装、生活様式の内地化を図っていく。「内鮮融和」（ママ）の実をあげるには半島婦人の生活内地化からという発想であった[48]。宇部市では釜山高女卒の朝鮮人才媛を吏員に採用し、「半島婦人教化の徹底」を期したという（1941年7月2日付）。

　さらに下関では1943年5月から8月にかけて3カ月の予定で、毎週3日ずつ1時から3時まで東亜読本や国語・習字から裁縫・生け花・茶の湯などによる「半島婦人錬成会」を実施し、これを通して学童青少年の教化に資そうとする（1943年5月12日付）。その出席率はすこぶる良好で、徴兵制実施にともなう「軍国の母」としての自覚を強く確立して成果があがったという（8月15日付）。同「錬成講習会」は翌年も開催され、受講者37人中、成績優良者は13人にのぼったという（1944年9月1日付）。

　なお、1940年6月には、下関市で小売業者による共同販売所設置が計画されるが、それに先立ち、協和会支会によって飯米対策から共同販売所支所が園田町と彦島に設置されている。それは、「鮮人は内地人と異なり容易に必需物資取得に困難を感ずるところがあつた。斯くて協和会購買部が設けられ必需物資の円滑なる供給を受くるに至つた」という経緯によるもので、その後市内要所に支所を設け、主として米穀の配給を行うに至ったという（1940年6月19日付）。協和会に参加することと必需物資の配給を受けることが密接につながっている中で、配給に直接関わる少なからぬ朝鮮婦人は、協和会への参加や補導員への就任を余儀なくされていったものとみられる[49]。

　以上より、山口県における協和会体制について、その制度と組織、そして活動についてみてきたが、在住者が多いわりには出遅れた感のある山口県では、1939年12月に第二次協和会の体制を発足させ、翌40年初めにかけて各地に支会を作り、在日朝鮮人の管理体制を整えていった。そこでは、一貫して

「内地の礼儀作法の指導」、「宗教観念（敬神）の扶植」など生活習慣や宗教面にまで及ぶ「内地同化」と時局認識の注入を行い、1942年段階にはとりわけ県レベルで移入労務者を中心に労働者の移動防止、定着促進や能率増進をめざした活動を展開し、1943年になると徴兵制の適用に備えた錬成活動を展開するというように、力点の移行を確認することができる。またその過程で、支会において日本人や朝鮮人の「中堅人物」と称される人たちからなる指導員や補導員を選抜し、「内地同化」を推進し、皇国臣民を作り上げていこうとしたことがうかがえる。それは第4章でみた福岡県での座談会における方針とほぼ同一の路線にそったものであったということができる。

註
1) 朴慶植『天皇制国家と在日朝鮮人』（社会評論社、1976年）、樋口雄一『協和会 戦時下朝鮮人統制組織の研究』（社会評論社、1986年）、93〜94頁。なおこのほかの協和会全体に関する研究史の整理は、拙稿「『協和会』研究の成果と課題」（『在日朝鮮人史研究』No.47、2017年10月刊行予定）を参照のこと。
2) 樋口前掲書、114〜121頁。
3) 外村大『在日朝鮮人社会の歴史学的研究―形成・構造・変容―』（緑蔭書房、2004年）、326〜335頁。
4) 杉山博昭『山口県社会福祉史研究』（葦書房、1997年）、320頁。
5) 布引敏雄『隣保事業の思想と実践 姫井伊介と労道社』（解放出版社、2000年）、212、242、243頁。
6) 北海道の協和事業に関しては、白戸仁康が『昭和十五年八月協和事業要覧』や新聞記事、各分会レベルで出された「協和会報」、さらには道庁による『参事会関係書類』（1939〜46年）などによりながら、功労者の表彰や錬成活動、「内鮮警察」の動きなどについて述べ（北海道強制連行実態調査報告書編集委員会編『北海道と朝鮮人労働者』北海道保健福祉部保護課、1999年）、その特徴として移入労務者対策が中心であったことを指摘しており（191頁）、とりわけ定着奨励活動（満期者の契約更新促進運動）など興味深い論点を提示しているが、さらに体系的な位置づけが求められていよう。
7) 木村堯「内鮮融和事業私見」（『山口県社会時報』第122号、1934年12月）、6頁。また布引前掲書には、下関地域だけでも彦島内鮮共和会、同鮮人労友会、下関日鮮親和会など22の団体があったという。なお布引は、山口県における融和事業から協

第6章　協和会体制下における朝鮮人対策　183

　　和事業への転換過程を、資料を交えてあとづけ、また日本人と朝鮮人を同質・対等から異質・対立の関係へと見方を変える過程ととらえる見解を提示している（同書、第Ⅲ部第1章）。融和事業段階が「同質・対等」ととらえていたかどうかは疑問であって、異質なものをいかに包摂するかについての方法論の違いとみるべきであろう。
8）　山口県文書館所蔵、県庁戦前A総務1609『昭和十年一般社会事業　其ノ二』社会課。
9）　「井口社会課長ら朝鮮視察」『馬関毎日新聞』1935年6月15日付。
10）　木村堯「朝鮮行雑感」(二)(『山口県社会時報』第131号、1935年9月)、17頁。
11）　東和会の設立経緯（1935年7月25日）については、「朝鮮人相互の親睦団体は二十有余を数へ其の間相互の感情も兎角円満を欠き、従って又内鮮人融和上に於ても面白からざる影響を与へてゐたが、内鮮識者の間に於て是等の諸団体の連絡統一を図るの急務を叫ばるゝに至り、昭和館に於ても種々斡旋する処があつた」とある。会長は松井下関市長、副会長は在下関朝鮮人有力者・李化生が就いた。綱領には、一、敬神尊皇、愛国の精神を吾等の大本となす、一、共存共栄相愛互助の大義に則り恒久の平和を期す、一、智識の啓発徳性の涵養を図り生活向上を期す、一、内鮮一家の結成を期す、の四点を掲げ、目的を達するための事業の第一番目には「修養向上ノ精神ヲ涵養スルコト」があげられ（「東和会の設立」『山口県社会時報』第130号、1935年8月、23頁）、まさに「内地同化」への先鞭をつける存在であったと位置づけられよう。なお、福岡県においても、1934年に八幡親和会、35年に飯塚昭和会、36年に戸塚正光会、若松親交会、福岡県朝鮮人団体連合会などができ、それによって各団体に対する警察・行政の指導・監督が強化されたと推定されるという（坂本悠一「福岡県における朝鮮人移民社会の成立――戦間期の北九州工業地帯を中心として」『青丘学術論集』第13集、1998年11月、162頁）。
12）　この点の情報はすでに1936年初頭には木村主事のもとに入っていたようである（木村生「内務省も昭和十一年度から協和事業なる名称の下に、初めて経費五万円を計上するという」「社会事業放語」(『山口県社会時報』第135号、1936年1月、40頁)。
13）　佐々木行雄『協和事業概要』1937年（第七、山口県）（樋口雄一編・解説『協和会関係資料集』Ⅰ、緑蔭書房、1991年に収録）。
14）　「協和講演会並懇談会開催」(『山口県社会時報』第148号、1937年2月)、22頁。
15）　布引敏雄前掲書、251～252頁。福岡県では社会事業協会が県内4カ所に夜学校を開設し、また1937年からは八幡の丸山学院も所管している（樋口雄一前掲書『協和会　戦時下朝鮮人統制組織の研究』参照）。他県でも当初より県社会事業協会が所管していたところもあり、これによって活動力が著しく弱まったというわけではなかったであろう。
　　なお、1939年12月1日の山口県学務部長より各市町村長宛「協和事業ノ拡充ニ関スル件」によると、1937年11月に財団法人山口県社会事業協会に協和部を設置し、

協和事業の実施にあたったという(『山口県社会時報』第183号、1940年新年号、58頁)。
16) 『山口県社会時報』第154号、1937年8月、34頁。
17) 『関門日日新聞』1939年5月25日、5月26日、6月13日、8月31日付。県では、1939年7月24、25日の市町村社会行政主任事務打合会において、「協和事業ニ関スル件」と題して、内鮮融和の目的に副う優良な団体は助長し、そうでない団体は解消させること、協和団体は各警察署ごとに統合して一団体とすること、団体は聖旨を奉戴し皇道精神の普及徹底を図り純良な国民性の培養と内地化を期することを主眼とすること、団体の名称は何々協和会とすることなどを指示事項の一つにあげている(『山口県社会時報』16巻8号、1939年8月、51頁)。
18) 『関門日日新聞』1939年10月5日付。
19) 大阪府では、樋口や塚﨑が明らかにしているように、1934年段階で鶴橋・泉尾・今宮の三警察署管内に矯風会が設置され、警察署長が会長をし、特高課が具体的指導にあたっており(樋口雄一「大阪における矯風会活動―在日朝鮮人抑圧組織の原形」『海峡』7、1978年3月、6頁、塚﨑昌之「一九二〇年代大阪における『内鮮融和』時代の開始と内容の再検討―朝鮮人『救済』と内鮮協和会・方面委員」『在日朝鮮人史研究』No.37、2007年10月)、神奈川県では36年段階で支部分会による全県的な事業を開始し、また役員に特別高等課長や警察署長が加わり、警察署の事業指導などを受けていた(宗田千絵「神奈川県における協和事業と在日朝鮮人生活史」(その二)『海峡』16、1992年12月、84、86頁)。このほか、京都府の支部に関する樋口の研究(「特別高等警察内鮮係と協和会」『海峡』9、1979年11月、66頁)、石川県の警察署管内別に作られた「同仁会」に関する砂上昌一の研究(「戦前・戦時下における石川県の在日朝鮮人の諸相―人口移動・内鮮融和団体・朝鮮飴売り」『在日朝鮮人史研究』No.39、2009年10月)、福井県の内鮮協和会に関する三ツ井崇の研究(「日中戦争期以降の福井県における朝鮮人融和・統制団体の教育・教化事業―『福井新聞』記事の分析を中心に―」「日韓相互認識」研究会編『日韓相互認識』第1号、2008年)がある。
20) 『協和事業彙報』は朴慶植編『朝鮮問題資料叢書』第四巻、在日朝鮮人統制組織「協和会」機関誌、1982年に収録されている。
21) 「社会課出張所　下関市庁内に設置」『関門日日新聞』1939年11月8日付。
22) 「半島人を対象に職員服務規程制定」『防長新聞』1939年12月4日付。
23) 事前に渡来朝鮮人の生活状態や事業遂行上の指導方針を実地研究するため、中央協和会の主催による朝鮮視察を行った山口県社会課下関駐在員の報告によると、「全島の半島人に国民精神及び国体の観念が徹底的に普及されているから協和会が主体となり今後半島人の渡航を奨励しても現在内地に在住の半島人よりは指導することは楽である」と語っている(「全半島人間に国体観念徹底」『関門日日新聞』1939年11月16日付)。
24) 「下関渡航者斡旋所に就いて」『協和事業彙報』第2巻第2号、1940年3月、30

25) 厚生省社会局生活課長・中央協和会参事の武島一義「協和事業指導精神」(『協和事業』第2巻第4号、1940年5月)、13頁。
26) 武田行雄「協和読本 (第一回)」(『協和事業』第2巻第3号、1940年4月)。
27) 山口県の協和会・協和事業の概略については、杉田三朗「山口県に於ける協和事業」(『協和事業』第2巻第6号、1940年7月) を参照のこと。
28) 宇部同和会は1941年3月23日に解散式を行ったとあるが (山田亀之介編著『宇部戦前史 1931年以後』宇部郷土文化会、1975年、136頁)、東和会の解散年次は不明である。
29) 山口県文書館所蔵、県庁戦前A総務1645『協和事業団体並指導員設置ノ件・壮丁錬成経費ニ関スル件』1941〜43年。
30) ただしその人員や活動については、必ずしも全国的に統一されたものにはなっていなかったようである (樋口雄一「戦時下の在日朝鮮人統制」『海峡』10、1981年5月を参照)。
31) 前掲『協和事業団体並指導員設置ノ件・壮丁錬成経費ニ関スル件』。
32) 杉田の指摘によれば、指導員はすべて内地人で、補導員は半島出身者が占め、人数の多い地方では常任補導員を任命したという (杉田三朗前掲稿、54頁)。
33) 「協和会徳山支会 七千三百名を一丸 昨日創立総会」『関門日日新聞』、1940年4月28日付。
34) 同上紙、1941年11月8日付。
35) 『関門日報』1942年6月27日付、9月24日付、12月17日付。
36) 『関門日日新聞』1941年6月17日付、『関門日報』1943年4月2日付。
37) 『関門日日新聞』1941年6月2日付。
38) 『関門日報』1943年4月16日付。
39) 同上紙、1943年7月14日付。
40) 同上紙、1944年2月5日付。
41) 宗田千絵前掲稿「その二」84頁、及び「その三」(『海峡』17、1995年2月) 76頁。また三ツ井崇による福井県の事例 (前掲稿) や堀内稔による兵庫県の事例 (「兵庫県朝鮮人融和団体の系譜」『在日朝鮮人史研究』第25号、1995年9月、80〜81頁) などもある。
42) 塚﨑昌之「一九三〇年代以降の在阪朝鮮人教育―内鮮『融和』教育から『皇民化』教育へ」(『在日朝鮮人史研究』No.44、2014年10月)、同「アジア太平洋戦争下の大阪府協和会・協和協力会・興生会の活動と朝鮮人―戦時動員体制への『親日派』朝鮮人の対応を中心として―」(『東アジア研究』第54号、2010年12月)、29頁。
43) 外村大前掲書、334〜335頁。また京都の向上館については、「教化融合」に重点を置いて協和事業に深くかかわることによって延命したが、朝鮮歴史を教えるなどして1944年に解散させられたとする、浅田朋子の研究がある (「京都向上館について」『在日朝鮮人史研究』No.31、2001年10月)。

44) 『山口県社会時報』第19巻第1号、1942年1・2月合併号、45～46頁。
45) 山口県協和会『防長路に馥る協和銃後美談』1941年12月。その前書きには、「本美談集は山口県協和会各支会に於て最近取扱つたものを纏めて輯録したものである」とある。
46) 『東亜新聞』1941年9月30日付。
47) 山口県文書館所蔵『協和事業一件』厚狭地方120、1943～44年。なお、錬成所は地方の状況により、協和会支会のほか、市町村や工場会社によって設置される場合があったが、管理指導は支会長が行うとされた。
48) なお、1942年3月には、10人が個人営業を廃止し、資本金6万円の朝鮮人食料品卸商組合を設立・合同し、産地より直接物産を大量購入して販売し、配給報国の使命達成を行っていこうとした（『関門日報』1942年3月13日、3月14日付）。代表者の朴永生は明太魚商として営業収益税27円を納める下関商工会議所の会員であった（陣内市太郎『下関商工人名録』下関商工会議所、1940年、61頁）。
49) 朝鮮婦人の補導員については、「半島婦人の内地化指導　宇部協和会に婦人補導員設置」という記事からうかがうことができる（『大阪毎日新聞　山口版』1942年4月3日付）。

終　章

まとめと展望

終　章　まとめと展望

1．本書のまとめ

　以上に検討してきたところをまとめるならば、まず第１章では、朝鮮人の内地渡航を併合前後、1920年、30年、40年に区分して数量的に把握するとともに、この間の政策を従来からいわれてきた渡航抑止政策としてとらえ、それでも徐々に在住者は増加して1940年時点で120万人に達し、そうした中で在日朝鮮人への呼称に象徴される対応は差別的な形で展開していったことを検討した。第２章では、朝鮮人古物商に焦点をあてて検討し、1930年代になると困難な状況の中でも生業的な営業を開始して定着基盤を築いていったこと、そうした者の中には、商工会議所会員や市会議員、集住地区における町内会長から隣組組長を務めるものも現出したことを明らかにした。第３章では、日中戦争長期化のもとで、朝鮮人をめぐる諸政策が大きく転換を遂げる1939年の関門日日新聞の掲載記事に焦点をあて、密航取締批判の投書や朝鮮人市場、そして異文化理解的な記事が散見されるものの、全体的には戦時下の「協和会体制」と呼ばれるものの枠組みのもとで、朝鮮志願兵の通過や「内鮮一体懇談会」開催の報道がなされていったことを明らかにした。第４章では、協和会体制が確立する前段階に福岡県で開催された座談会の模様を紹介し、そこでは、朝鮮人労働者の稼働・移動状況、衣食住などの生活習慣、思想・政治運動の状況をステレオタイプに描き、協和会での活動によってそれを改造し、時局に対応させようとしたと結論づけた。第５章では、下関に作られた融和施設である昭和館の設立過程、活動状況につき検討し、当初は日本人との「融和」を実現することをめざしたが、1930年代後半以降は、とりわけ1936年に山口県にも第一次協和会が設立され、さらに1939年に第二次協和会が設立され、下関にもその支会が設置されると、保護・収容と日本語教育の場としては維持しつつも、朝鮮人の「内地同化」に寄与する場となっていったとした。第６章では、山口県における協和会体制について、その制

度と組織、そして活動についてみていき、一貫して生活習慣や宗教面にまで及ぶ「内地同化」と時局認識の注入を行い、1942年段階にはとりわけ県レベルで移入労務者を中心に労働者の移動防止や契約更新から能率増進をめざした活動を展開し、1943年になると徴兵制の適用に備えた「錬成」活動を展開するというように、力点の移行を確認した。またその過程で、末端機構たる支会において日本人や朝鮮人の「中堅人物」と称される人たちからなる指導員や補導員を選抜し、「内地同化」を推進していったことを指摘した。

けっきょく、1939年12月に確立した山口県の協和会体制は、教化と称して、精神面にまで及ぶ「内地同化」を推進し、朝鮮人の風俗習慣を滅却しつつ、時局対応的な軍事献金・貯金・勤労奉仕から皇居遥拝・神棚設置・神社参拝などを行い、戦争に協力させていったのである。そして差別の中でようやく定着の基盤を作り上げた営業者たちを、その末端機構で駆使し、朝鮮人への影響力を発揮させていったとまとめることができよう。

2. 朝鮮人労働者観とその変容

以上のような過程を経て、戦争が深化していく中で、とくに制度面においては、徴兵制度の実施や内地渡航の自由化にみられるように、「内鮮一体」という方向へ進んでいったことをうかがうことができる。しかし、労働現場における状況はどのようなものであっただろうか。

まず戦時下の内地労働市場における労働力不足は、北九州・山口地区においてもきわめて深刻で、関門日日新聞では、北九州では「産業戦士の払底になやむ八幡製鉄所構内運搬請負業者間では製鉄所今秋十月からの大拡張工事によります〳〵人不足を招来するので遂に渡鮮の上現地の半島人を大量募集することになり厚生省に認可を得るため同組合代表岡崎、庄司、入江の三氏はこのほど上京猛運動中である」(1939年7月25日付、以下日付は同紙、1942年2月1日以降は『関門日報』に紙名変更)とか、直方では「非常時局下労力不足

緩和のため石炭鉱業互助会は半島同胞の移入婦人及び少年坑夫の入坑解禁等をかねて主務官庁に陳情要望中何れも主務官庁の諒解するところとなり近く発令を見る模様」(1939年8月22日付) などと報じ、また児玉福岡県知事も「労力不足の緩和策として朝鮮人の移入問題は従来の制限令を打ち破つて相当多数移入を認める事になつた人数は今の所秘密にしておきたいが鉱山用土木事業は大部分之らの人達の職場になるだらう」(1939年7月22日付) と語り、運搬・土木・坑内作業などの面で朝鮮人労働者が大部分を占めるようになるだろうとしている。

　山口県においても、宇部では「東見初炭礦では戦時下の労力不足を半島人の集団募集によつて補足すべく工費八千円を投じ半島人専用の合宿所三十人宛収容のもの二棟を建設、寝具の如きも巨費を投じ調整し係員を朝鮮に派遣し募集中であつたがその第一班として半島人二十九名は九日夜、第二班として三十三名は十日夜到着したが炭礦側としては歓迎茶話会を催して歓待し今後専任者を置いて徹底的に指導する方針であるがその成果は期待されてゐる」(1939年11月12日付) とあり、小野田でも「炭礦側では求人難をかこちその筋に泣きついて朝鮮同胞大量渡航の許可を得て差し当たり一両日中に百名が本山炭礦に雇ひ入れられることになつてゐる」(1940年1月10日付) とあって、やはり炭礦の労力不足を朝鮮人労働者で補おうとしたことがうかがえる。

　また関門鉄道トンネルの掘鑿の最終段階で、「更に万全を期すため圧搾空気内強壮で作業し得る人材を得るため渡鮮し」「彼の地に於て四肢五体内蔵機能等に一ケ所として欠点のない鋼鉄半島人五十余人を得た」(1940年10月31日付) と屈強な朝鮮人労働者を導入したこと、下関市では屎尿汲取り人夫不足に対して、市衛生課長は「入梅期を控へて放任出来ないので関係当局に依頼して相当数の人夫を半島からまわしてもらふことになり」(1940年6月5日付) とあって、人手不足の折から、これを朝鮮人労働者で補う計画であることを指摘している。

　さらに食糧増産の観点から農村の労働力不足も深刻で、朝鮮からの「農業

報国隊」、「半島増産部隊」の招へいや（1940年5月16日付、7月10日付、1941年4月26日付、5月29日付、6月3日付、5日付、8日付、13日付、22日付）、朝鮮農学校生徒の勤労奉仕（1940年12月1日付）、在日協和会員による農作業勤労奉仕（1940年10月25日付）などが行われた。

　こうして、朝鮮半島や内地から労働力として70万人前後という数の朝鮮人が「募集」「官斡旋」「徴用」によって動員され、そうした朝鮮人に対して、当初の予定通り生産力拡充のためとして、移動の防止、稼働率や能率の向上がめざされたのである。そしてそれに関連して、さまざまな報告がなされ、また行政当局や企業、研究機関、関係団体が参加して座談会・懇談会がもたれている。

　いち早く座談会を開催したのは協調会で、1939年12月に「半島労務者問題」というテーマで開かれた。[1]それによると、労働条件が徹底されていないとか（内務省警保局保安課員）、朝鮮では国民精神涵養ということで「我等は皇国臣民なり」と唱えさせているが内地ではそれが弛んでいるという（弓削幸太郎中央協和会常務理事）。また、実際の現場においては、従来内地人が行っていた鉱山の掘進や運搬をさせて成功しているが、健康保険法を悪用するものもあって入坑率・稼働率が下がっているとしたり（商工省石炭部員）、内地人が集まらないので朝鮮人を雇い、社宅を改造して入れているが、言葉の違いから雷同し、機械作業や機敏に動く仕事より運搬作業に向くとか、だんだん馴れてくれば移動が激しくなるのではないかとしたり、朝鮮はこうで朝鮮人の長所短所はこうだ、こういう点を指導すれば使いよいというようなことを心得ているものはいない（2,500人受入れの北海道炭礦汽船社）、能率面では朝鮮人ばかりのところはあまりよくなく、内地人の優秀な指導者を交えたのが非常によく、保安面（事故の危険性）については怖がるものが多く、就業率は3カ所で96、93、83％でその差がどこから来るのかはわからず、朝鮮人を訓練するにしても具体的な材料がほしい（500人受入れの磐城炭礦会社）などの意見が出された。そして結論的に、比較的うまくいっている所とそれほ

どでない所とがあって、比較的優秀と思われる所を参考にしてやってもらいたい（厚生省社会局員）とするのである。

1942年1月には福岡県の主催で、労働科学研究所の暉峻義等が進行役をして「九州炭鉱懇談会」が開催されている[2)]。それは、労務動員が開始されて2年余りがたった段階で、労働現場での諸問題を出し合って解決策を探ろうという主旨で、炭鉱会社から10人の労務管理者並びに技能指導者が集められて行われた。

内容としては、まず身体精神社会関係及経済上の特異性については、白米をたくさん食べるので胃腸病・脚気が多かったこと、いかに親切にしても親切を仇にするというようなことが述べられる（N氏）。また体力的にはよいが、精神面では忍従精神が弱く病気になると女々しいとか、猜疑心が強く金銭に細かいとし、食糧の充実が生産拡充の根本であり、たくさんの金を持って郷里に帰らせるのが再募集のカギであり、内地人の朝鮮人への接触の仕方も変えなければならないとする（T氏）。朝鮮では親子の情が非常に厚いが国家性・社会性はないとし、道徳心や公徳心の面で信用できないところがあるとか、付和雷同的で金銭面に関する心理など理屈で分からない所があるという（AT氏）。

作業現場については、まず内地人と朝鮮人の人数バランスの面と、班長・係員などの指導的立場のものをどちらにするかという点が話題となる。半島人の割合は30～40％くらいが適当で、そのうち既住者と移住者の比率は半々くらいの場合がうまくいくとしたり（某氏）、1人半島人の指導者を得た場合は全部まかせてしまった方がよいとか（O氏）、最高技術を要するところでは内地人を置き朝鮮人のみということは保安上も不安であるとか（AT氏）、内地の係員がいないと4、5年はかかる（A氏）とする。作業訓練については、一方で坑外で教育するというよりも坑内に持って行って現地教育をやるのがよいとするものと（AT氏）、現場に行く前に坑外で模範を示すと非常に効果的であるとするものがあって（K氏）一定していない。訓練期間は3カ月で、

その間に技術や言葉、そして公民科を教えているが、その間は賃金も少ないので非常に嫌う者があるという（O氏）。

　仕事の中身については、共通して言葉の壁があってなかなか伝わらないとし、どうしても覚えようとしないので困っているとか（AT氏）、自分が都合のいい時には解るが都合の悪い時には解らんふりをするとか、とくに年配者は覚えようとせず、「吾々が多少でも半島語を覚えたらどうかといふ者がありましたが、そんな不見識なことでもいけない。要するに彼等に内地語を徹底的に覚えてもらふといふ以外に方法はない」としたり、先山のできる半島人をつけて約34、5名位の部隊を作り半島ばかりでやっているといつまでたっても言葉を覚えず内地化という点で不便である（N氏）とする。また内地の言葉に訛があると解らないようだとするものもあった（O氏）。さらに協和読本を使って内地語を教育して相当効果があがっており、とにかく彼らには絶えず熱心な指導と監視が一番重要な方法だとする（M氏）。

　移動・逃亡に関しては、いい話を聞くと団体で付和雷同して逃げて行ってしまうとか、炭坑を嫌がるかあるいは怖がる傾向があり八幡や小倉の人夫仕事の方へ逃げるとか（N氏）、全然無根拠のことにでもその口車に乗って動くという傾向があるとする（M氏）。

　最後に厚生施設に関しては、まず炭坑労務者にとって食糧問題が生産拡充の根本的なものであるとする（T氏）。宿舎については、舎監は内地の者か半島の人かどちらがよいかとか管理はどういう風にしたらいいか、賄はどちらがよいかといった点があげられたが、食べる方の世話は半島人の方がよくはないかとか（T氏）、管理は内地のしっかりした人がやらないと（司会者＝県の労務官吏）とする。娯楽については、朝鮮の太鼓や鉦を考えたがなかなか手に入らないし、ラジオもまだ据付けてはいないが、朝鮮の将棋や球蹴りはやらせているという（T氏）。また合宿にラジオ、蓄音機、碁、将棋、ボール蹴りを備えており、遠足や山登り、博多などの見物もさせているが、逃げる者が出ることもあるという（A氏）。また料理屋を会社の敷地に出させ

終　章　まとめと展望　195

たりもしている（T氏）。また、食堂は立派なのがあるが、社宅は粗末で半島管理の支障となっている（M氏）などの点があげられている。

　こうした報告をふまえて、対応策としては、金銭問題や就業時間の問題、そして就労年月を法律的に決めて、移動防止に罰を与えて徹底的に取締っていただきたいとか（M、N氏）、朝鮮総督府において斡旋する際、勤労報国隊のような組班隊を組織し、その形のまま内地にもってくるというようにすれば移動防止ができるのではないか、そして長期にわたって技術を教えられた貴重な半島人を直ちに帰すことは非常に惜しいので、できるだけ帰さないように指導していくとするのである（R氏＝県産業課員）。

　この段階では、相変わらず「内地同化」政策の中の労務管理がめざされており、進行役の暉峻義等はしきりに、「内鮮一体となつて生産力拡充に邁進せねばならない」、「職場を一つにし仕事場を一つにして御奉公をしなければならぬ」とか、「内地人に存在して、半島人に欠けている孝心を、内地人並に育成することが労務管理だ」、「結局に於て半島人を日本人に仕上げることである」とまで言うのである[3]。また同じ暉峻が1943年5月に編纂した『半島労務者勤労状況に関する調査報告』においても、1940年以降を「経営同化時代」とし、経営体内において協和事業の徹底を計るため生産・労務・厚生の諸管理を行うことになったとしている[4]。もっとも、同じシリーズの第9冊『炭礦に於ける半島人労務者』（1943年）では、筑豊炭田の6炭山における移住半島労務者の質的面や勤労意欲の特性を把握し、坑内の作業現場での内地人労務者との組み合わせなどの経験、そこから発生する諸問題、そして能率や技能習熟状況を探ったうえで、この労力の大量登場に対応した作業組織、労働組織、その他諸制度の転換が行われなければならないとしている[5]。調査データは1941年のものが多いのであるが、よりリアルな現場の状況をふまえたものになっていることをうかがうことができる。

　なお、この時期の朝鮮人労働者の労務管理仕法をもっともよく示したものとして、前田一の『特殊労務者の労務管理』（1943年）をあげることができよ

う。前田は北海道炭礦労務部長として動員労働者の労務管理の第一線に立つ人物で、いかに増大する朝鮮人労働者を巧みに運営するかに関して腐心した結果を、「産業能率増進叢書」の一冊としてまとめたのである。それは、朝鮮人の募集・輸送・訓練や作業現場、そして寄宿舎・生活面にまで及ぶ朝鮮人労働者に関する包括的なものとなっており、その特徴は、「一日も早く内地式生活に同化し得るやう指導すべきである」とする「習俗清算すべし」や、皇民訓練・生活訓練を徹底して行い、なかでも「精励恪勤」という言葉で表わされた「勤労は歓喜なり栄誉なり」、「着実熱心・辛抱・工夫・綿密注意・規律」などのきわめて精神主義的な項目を掲げている点である[6]。

　言うまでもなくこの時期における朝鮮人労働者の労務管理面での検討事項は、移動の防止、就業率の向上、能率の向上ということであった[7]。山口県にあっては、1939年には豊浦郡滝部村を中心に、東大農学部経済科助手の崎山（崎村茂樹か？）・川野重任と学生によって、「農業経営上、内地人小作人と朝鮮人小作人でどちらがよく働くか」ということで、能率比較研究がなされたという（『関門日日新聞』1939年6月21日付）。その結果は不明であるが、そうした調査がなされようとしたことは、内地人・朝鮮人間で必ずしも優劣が定まっていたわけではなかったことを示して興味深い。

　移動の防止については、県内協和会の各支会における補導員集会などで警察署員による移動の把握や防止呼びかけがなされる一方（『関門日報』1942年12月17日付、以下同紙）、1941年7月より「国民労務手帳法」を施行することによって、手帳を所持しない労務者は就業することができないこととした。実際の運用事例では、協和会室積支会で「勤労報国労務手帳」を交付し、そこに本籍・現住所・氏名・年月日・職歴とともに監督者が毎日の出勤成績を証明し、毎月20日以上の勤続者で素行善良・成績優秀者を表彰した（1942年10月22日付）。

　また就業率については、一般工場労務者の無欠勤就業を奨励し、1943年1月の統計によれば、対前年比3～5ポイントの向上を示したとされ、ある工

場では出勤率95％という新記録を達成したという（1943年2月4日付）。これに対し、炭礦における朝鮮人労務者にあっては、移動率は8％から5ないし6％に低下し、稼働率は70％から80ないし85％に向上したとある。それは「指導訓練如何」によるとされ、また雇用期間も2カ年から3カ年への延長を当局に交渉したり、期限が過ぎた場合も3月末まで就労させるとしている（1943年2月21日付）。

なお、朝鮮人労働者対象の「労務訓練所」を厚生省と県当局により、したがって山口県社会課下関出張所が中心となり昭和館も協力して、下関に設置する計画がもちあがる。それは同所に2、3カ月収容して訓練・育成し、各方面へ配給することを目的としていた。それによって農村方面へも労働力を供給できるようになるとしている（1940年5月15日付）。これについては、1944年末の記事によれば、ようやく設置が決まったことが出ており、その際には3泊3日の短期訓練でしかなかった（1944年12月29日付）。

この時期の労務管理に関しては、いくつかの研究成果がある。そのうち西成田豊は、四つの鉱山を事例としつつ、戦時下の労務管理方式には、「先ツ形ヨリ整ヘテ漸次精神ニ及ホス軍隊式ノ訓練方法」で、それに馴染まないものは「特別指導」を施すという軍事的抑圧的性格と、共済・慰安・娯楽など福祉生活刷新の側面を有する宥和的性格の両面があったとしている。

市原博は、やはり鉱山における朝鮮人管理のあり方について、労働力育成型、労働力使用型、使用回避型に区分し、北炭では宥和的というより育成を重視したが故の生活や精神に及ぶ干渉が行われ、「有用」な労働力への育成と「皇民化」は同義であると位置づけ、民族的特性や行動をより厳しく取締まる管理が行われたとし、これに対して朝鮮人労働力の速やかな活用をめざした住友系鉱山では、食事ににんにくが供されるなど食文化に一定の配慮がみられたとする。

これに対して宇部の沖ノ山炭坑における労務管理に関して、1941年の興味深い報告書がある。朝鮮人労働者は千人余りで全体の約半数を占めるという

ことであり、そこでは、当面の労務管理の問題は技術や理論の上にあるのではなく、結局人の問題に帰着する場合が多いとし、訓練や皇民化に功を急ぐことは却って結果が面白くなく、彼等の民族的特長である暴力に対する先天的嫌悪と強い祖先崇拝ないし敬老の念を無視すると、意外な反発に会うことがあるとして、この点を考慮して指導にあたるべきとする。つまり朝鮮人の特長をよく把握し、それを労務管理にうまく活用しろということである。

　また、鹿島組労務部が編纂した1942年の資料によれば、朝鮮人労務管理のもっとも重要な点として、「皇国臣民として育て上げて内地人に完全に同化させるということと、大東亜戦争下に於て各方面に増産が叫ばれている今日、此の能率の低い労務者をして産業労務者として役立つ有能なものに育てなければならない」という二つの立場があるとし、究極的には同化であるが、仕事の上で充分に能率を発揮させるためには、「その性質と特徴をよく呑み込み、その長所と短所をよく心得て居る」ことが必要だとしているのである。

　けっきょくこの時期に、協和会体制のもとで同化政策が推進されたことと照合するなら、労働力がますます払底していく中で産出高を維持していこうとすれば、内地同化政策の転換もやむなしという状況に追い込まれていたことを示すものにほかならないということができよう。

　そうした変化は生活面にも現れてくるのであって、関門日日新聞紙上（1942年2月以降は関門日報）においても、1941年ころになると、協和会支会（岩国・小野田・徳山）における半島相撲の余興の実施（1941年3月29日付、8月17日付、10月19日付）や「演芸慰問団半島班」の結成（1941年9月23日付）、「半島の舞姫崔承喜」の宇部・下関への来演（1943年3月18日付）、「半島から慰問隊」宇部へ（「演出物は全部御国物で故郷の香りを持参することになって居る」1944年6月6日付）などによって、慰安のための朝鮮文化の容認もなされるようになったことがわかる。呼称も1937年ころより「鮮人」から「半島人」に変更されるが、43年になると、「朝鮮同胞に国語講習会」（3月17日付）、「朝鮮壮丁錬成小串署で入所式」（8月10日付）などのように、「朝鮮」という表記がみら

れるようになる。増産の達成や徴兵の実施のために、当局管理のもとで一定の朝鮮文化の導入が図られたとみることができよう。

以上の検討から、協和会体制の全時期を通じて、「内地同化」はほぼ一貫してその目標に掲げられていたといえる。しかし中央協和会が成立して以降、とくに1940年代以降になると、日中戦争の長期化とそれにともなう大量の労務動員によって、朝鮮人労働者の移動防止と稼働率の向上が主眼となり、さらに1943年以降は、徴兵制の実施に対応した錬成訓練が中心課題となっていく。

そうした中で労働現場においては、生活習慣などの面で、強制的な「内地同化」よりも、朝鮮の風俗習慣を尊重した取り組みが導入されるようになっていく。暴力に訴えることの忌避や祖先崇拝、敬老精神などの尊重と慰安のための朝鮮文化の導入ということである。

たしかにそれは、内地人と同等にという「政治的処遇改善策」にみられるように、戦争協力を引き出すためのものであったといえるかもしれない。しかしもっと根本的に、それは同化政策の矛盾を露呈させたものであったということができるのではないだろうか。それは、1年や2年の短期間でなし遂げられるようなものではなく、また「皇民化といふことをいつてゐますがただ口先ばかり、表面ばかり内地化といふことをいつても長い年月、20年30年50年経たなければ内地化といふことはできない」という座談会での発言にみられるように、生産の現場では実行し得ない内容だったのである。

3. 興生会への組織変更

1944年11月20日、中央協和会は中央興生会に改組される。これに関しては、朴慶植によれば、同年11月4日の「朝鮮および台湾在住民の処遇改善に関する件取扱方針」と同年12月22日の「朝鮮及台湾同胞ニ対スル処遇改善ニ関スル件」という閣議決定における、「内地在住朝鮮同胞に対する処遇改善要領」

中に、「⑤興生事業の刷新」ということがうたわれており、ここから協和会が興生会と名称変更され、「一層完全なる皇民たらしむる」とされたという[16]。樋口雄一と塚﨑昌之の研究は、興生会を「朝鮮及台湾同胞ニ対スル処遇改善ニ関スル件」に連なる政策として位置づけ[17]、さらに興生会に関わった朝鮮人の解放後における動向について考察している。

　樋口雄一は、「財団法人中央興生会昭和二十年度事業計画」などによりながら、興生会が、協和会支会の頃はその事務所が警察署に置かれていたものから独自の事務所の設置に変更されたことを指摘しつつも、それを支える組織は相変わらず警察署特高課であること、厚生省の管轄で協和官の武田行雄は残留していること、皇民化という基本路線は変わっていないことから、中央協和事業を引き継いだものであるとし、新たに朝鮮人を補充の中心として興生委員を任命したり、郷土訪問などの懐柔政策を盛り込みつつ戦時動員体制の強化を図っていったとする。また、戦後の動向に関しては、帰国者担当を興生会が行い、「共和和親ノ責ヲ挙グルニ努メ」るなどして新事態に対処するとされたが（45年9月28日厚生省健民課・内務省警保局通牒）、10月4日の総司令部による特高警察廃止とともに興生会も解体されたという[18]。

　これに対して塚﨑昌之は、1944年1月の内閣参事官（元朝鮮総督府）村山道雄の報告、同年7月の大阪協和協力会の永島慶三（康慶玉）の意見書、同年10月ののちに興生会指導課長となる権藤嘉郎（権逸）の大阪・山口・福岡視察報告書をもとに、それまでの協和＝「皇民化」の矛盾点であった協和のことばを改めること、日本人の侮蔑・嫌忌感情をなくし、官の一方的な指導ではなく朝鮮人を積極的に活用すること、警察署ではなく行政単位に組織を改めることという形で興生会を立ち上げたとする[19]。そしてこれによって、支会も警察署から独自の事務所（大阪鶴橋の場合、元鶴橋警察署）に置かれることで、警察組織と一定距離を置く、あるいはその管理を離れるようになったとする[20]。そして興生会の活動として、指導課長に就いた権藤嘉郎の『権逸回顧録』（1987年）によりつつ、予算が10倍となったが、「慰問することが唯一

の仕事」であったとし、その際の講演や当局の反応として、朝鮮語で行われたりしたこともあったり、威圧的説教的ではなかったこと、「朝鮮及朝鮮人ヲ基調トシ多分ニ民族的色彩ヲ呈シアルモ之ヲ以テ直ニ治安上特別悪影響ヲ及ボスモノト認メラレズ」という点を引用している。さらに興生会に関わった朝鮮人たちの戦後の動向については、1945年10月半ばの在日本朝鮮人連盟準備委員会が組織されるころまでは、大同団結的な組織の結成がめざされたが、その後は興生会や一心会に参加した朝鮮人は「悪」と決めつけられ排除される経緯につき考察している。

　いずれも、興生会への転換が「政治的処遇改善策」と同一歩調をとったものであること、そして朝鮮人への対応が懐柔的なものに変化したことを指摘しているが、実際の活動ないしは活動方針につき、より立ち入った検討がなされているわけではない。

　山口県の興生会への移行とその活動につき示したのが下の表である。関門日報には1945年1月7日付時点で「協和支会」の名が記された記事がみられる。したがって山口県の場合、1945年1月から2月のあいだに、興生会に移

表　山口県興生会関係記事

年月日	場　所	事　項
1945.1.7	防府	壮丁錬成卒業式（防府協和支会）
2.4	麻里布	「半島同胞に対する処遇改善」発表に補導員13名が感激を献翼　麻里布興生会が一万余円を
2.11	防府	厚生会支会壮丁錬成所若人が松根掘りに意気
2.14	下関	翼に凝る半島の血　下関興生会員が十万円を献金
2.18	下関	下関興生会十万円献金
2.18	防府	会員の献金で興生会館設置
2.23	防府	目覚し興生会員　防府の火事に敢闘
2.25	下松	興生会下松支会独立事務所設置
3.11	下松	興生会館建設
5.8*	県民生	興生委員本格的に活動

『関門日報』各日付より（＊は『防長新聞』）。

行したものと考えられる。同表より、2月以降の活動は活発で、献金献納などの時局対応活動や興生会館の建設があいついでいることがわかる。とりわけ5月8日の記事では、半島同胞の指導斡旋の完遂を期するため、興生委員460名を各地に設置し、1．内地同胞に対する興生思想の普及啓発、2．半島同胞に興生指導並に普及啓発、3．補導員の指導督励を行うとし、これ以降本格的活動に入ったという。また貯蓄を町内会で行うことに変更している。興生委員が新たに任命されたことや内地人向けの啓発活動を行うようになったことなど、上記の研究で指摘されたことをうかがうことができる。

　なお樋口が、「戦後改革」の過程で、協和会・興生会体制についての批判的発言がなされず、改革が不徹底だったことが、その後の朝鮮人政策（や朝鮮人認識）に大きな影響を与えたとする点は[21]、この間の協和会研究の意義という面できわめて重要だろう。その際、大阪府に関する塚﨑の研究などのように一府県に限定し、一定の課題設定のもとに通観していくことや、当該期に在日朝鮮人がどのような思想的・精神的状況に置かれていたかの聞き取り調査を今後も蓄積していくことが肝要であろう[22]。

　けっきょく、以上にみてきたように「内地同化」といっても、併合の論理に始まり、1930年代半ばに生活の場や労働市場面での「不都合さ」を契機に一挙に推し進められていったが、労働現場では数々の矛盾を暴露し、朝鮮人の側に立ちながらの労務管理でなければ生産拡充は望めないということが明らかになっていった。しかしそこでは、自らが朝鮮語を学ぶということは「不見識」という発言に象徴されるように、多くの日本人が被植民地民族の側に立つということはけっしてなかったのであって、日本における在日朝鮮人観はこうしたプロセスをたどっていったということをこそ、ひとつひとつ引きはがしながら確認し、「戦後改革」の俎上に乗せていかなければならないものであったのである。

註

1) 「半島労務者問題座談会」（財団法人協調会『産業福利』、第15巻第3号、1940年3月）、76〜102頁。
2) 「九州炭鉱懇談会」（労働科学研究所『労働科学』、第19巻第10号、1942年10月）、55〜80頁。暉峻によれば、労働科学研究所は、大日本産業報国会の科学参謀本部として各地に研究員を派遣して半島労務者の勤労の実情を尋ね、現場の経験を総合しようと計画しているという（55頁）。
3) 同上、56、64頁。
4) 暉峻義等編『労働科学研究所報告 第1部工業労働及労務管理 第8冊 半島労務者勤労状況に関する調査報告』（労働科学研究所、1943年5月）、2頁。
5) 同上、第9冊『炭礦に於ける半島人労務者』（1943年）（朴慶植編『在日朝鮮人関係資料集成』第5巻、三一書房、1976年所収）、756、778頁。
6) 前田一『特殊労務者の労務管理』（山海堂出版、1943年）、80、166頁。
7) 朝鮮内における朝鮮人の労務動員に関連した各種調査や論考については、庵逧由香「解説」（『「朝鮮労務」別冊解説・総目次・索引』緑蔭書房、2000年）を参照のこと。
8) 同様のケースは外村大『朝鮮人強制連行』（岩波新書、2012年）でも取り上げられている（155〜157頁）。
9) 西成田豊『在日朝鮮人の「世界」と「帝国」国家』（東京大学出版会、1997年5月）、265〜274頁。
10) 市原博「戦時期日本企業の朝鮮人管理の実態」（『土地制度史学』第157号、1997年10月）、24頁。
11) 「沖ノ山炭坑に於ける半島人労務管理を観る」（『内外労働週報』476号、1941年10月17日）。
12) 鹿島組労務部編纂『朝鮮人労務者の管理に就て』1942年12月、3頁。
13) 水野直樹・文京洙『在日朝鮮人 歴史と現在』岩波新書、2015年、78頁。
14) 前掲「九州炭鉱懇談会」、60頁のT氏発言。
15) 同上、70頁の某氏発言。
16) 朴慶植『天皇制国家と在日朝鮮人』社会評論社、1976年、264〜268頁。原典は森田芳夫『在日朝鮮人の処遇の推移と現状』1955年。
17) 「処遇改善」については、岡本真希子「アジア・太平洋戦争末期の在日朝鮮人政策」（『在日朝鮮人史研究』第27号、1997年9月）、水野直樹「解説」（『戦時期植民地統治資料』第一巻、柏書房、1998年）を参照のこと。
18) 樋口雄一「協和会体制の崩壊」（同『協和会 戦時下朝鮮人統制組織の研究』社会評論社、1986年所収）、同「協和会から興生会体制への転換と敗戦後への移行」（『海峡』23、2009年7月）。
19) 塚﨑昌之「アジア太平洋戦争下の大阪府協和会・協和協力会・興生会の活動と朝鮮人—戦時動員体制への『親日派』朝鮮人の対応を中心として—」（『東アジア研

究』第54号、2010年12月)、32〜37頁。
20) 塚﨑昌之「一九二〇〜一九四五年、大阪東成地域における朝鮮人の生活と鶴橋署」(『在日朝鮮人史研究』No.42、2012年10月)。
21) 樋口前掲稿「協和会から興生会体制への転換と敗戦後への移行」、106頁。
22) そのようなものの一つとして、雨宮昭一「地域の戦時・戦後と占領──茨城県を中心として」(天川晃・増田弘編『地域から見直す占領改革』山川出版社、2001年)がある。そこでは、戦時・戦後の特定地域社会におけるリーダー層やエスニシティーの変容に着目する中で、在日朝鮮人に聞き取り調査を行い、この間の「日本人」の大多数とは異なったアイデンティティの危機がみられたことを明らかにしている。

あとがき

　本書は、近代における日本人の在日朝鮮人観のありようを、1939年という時点に焦点をあてて考察したものである。関連する既発表論文は以下のとおりであるが、いずれも本書の主旨に沿うよう大幅に改稿している。また3は集計ミスや校正ミスを修正している。

（発表順）
1．「『国際化』と在日アジア人労働者観の歩み」尾関周二ほか編『国際化時代に生きる日本人』（青木書店、1992年）………………………………… 序章
2．「四一道府県における在留朝鮮人」・「山口県における朝鮮人」（木村健二・小松裕編著『史料と分析「韓国併合」直後の在日朝鮮人・中国人』明石書店、1998年）……………………………………………………………………… 第1章
3．「戦前期下関在留朝鮮人の定住過程―国勢調査資料を中心に―」（下関市立大学『産業文化研究所所報』第10号、2000年9月）………………… 第1章
4．「戦前期山口県における朝鮮人の定住化と下関昭和館」（廣島史學研究會『史學研究』第256号、2007年6月）……………………………………… 第5章
5．「在日朝鮮人古物商の成立と展開」（李洙任編著『在日コリアンの経済活動』不二出版、2012年）………………………………………………………… 第2章
6．「1939年の在日朝鮮人―関門日日新聞にみる下関地域の動向―」（下関市立大学附属地域共創センター『地域共創センター年報』Vol.7、2014年8月）
……………………………………………………………………………… 第3章
7．「在日朝鮮人協和会体制の末端機構―山口県の事例を中心に―」（下関市立大学附属地域共創センター『地域共創センター年報』Vol.8、2015年8月）
……………………………………………………………………………… 第6章
8．「座談会：『福岡県下在住朝鮮人の動向に就て』にみる朝鮮人観」（下関

市立大学附属地域共創センター『地域共創センター年報』Vol.9、2016年8月）
………………………………………………………………… 第 4 章
9．「『協和会』研究の成果と課題」『在日朝鮮人史研究』Vol.47、2017年10月刊行予定 ………………………………………………… 第 6 章

　筆者はこれまで、もっぱら日本をめぐる人の国際間移動の歴史に関する研究を続けてきた。なかでも在日朝鮮人問題については、朴慶植先生を中心として調布市布田で行われていた「在日朝鮮人運動史研究会」や、埼玉県川口市に朴載日氏によって創設された文化センター・アリランにおける「民族関係の中の朝鮮民族研究会」で学ばせていただいてきたのであるが、本書のテーマについては、比較的新しく取り組んだものであって、いささか浅学の誹りをまぬかれない。しかしその後、山口県下関市に転勤したのをきっかけに、下関市在住で朝鮮をルーツに持つ方がたと接触し、また県史編さん事業に携わりつつ、多くの史料にめぐりあうことができた。また、2012年以来、韓国順天市の青巖大学校在日コリアン研究所のプロジェクト「在日コリアンのディアスポラ100年」に参加させていただき、韓日の研究者の中で研究発表の機会を得ることができた。ここでは、それらの研究成果を、下関在住17年間の区切りとして一冊の本として発表させていただいた次第である。

　本書は、そのタイトルにも示すように、1939年に焦点をあてて論じたものであるが、そこに至る前史と、その後の展開についてもふれており、それによって1939年という時点が相対化され、よりいっそう浮き彫りにできたのではないかと考えている。そこに登場する人びとは、政策立案・実施の当局者を頂点とし、その旗振り役、その追随者、さらには中堅人物として巻き込んだ朝鮮の人びとというピラミッド型の構造と、その対局に位置する生活や経済活動の現場で相対する人びとという構図として表わすことができたように思う。

　相変わらず、「戦前回帰」などによって容易に「近代」を突き抜けること

ができない今日の日本において、こうした戦前期における日本人の他者認識の形成過程を、ひとつひとつ引きはがしていく作業は、今後もますます必要になってきているように思う。

　なお、本書刊行にあたって、㈱ゆまに書房出版部の上條雅通氏と吉田えり子氏には、採録写真の選定をはじめとして、出版事情の厳しい折にもかかわらず、ひとかたならぬご尽力をいただいた。記して謝意を表わしたい。

2017年3月31日

索　引
（人名・事項）

1　本索引は本書の文中にある歴史事象や人物名のうち、重要な用語を拾い出し、掲載頁を付して、五〇音順に配列したものである。なお、本文中にある「　」ははずした。
2　原則として、本文を対象としたが、必要に応じて、註の文中や表中の用語も拾った。
3　朝鮮や中国の人名や地名は、原則として日本語式の読みを用いた。

索引

あ行

愛国貯金　167
足立文男　140, 142, 152
井口社会課長　152, 183
石川県共栄会　136
一時帰鮮証明書　49, 54
一視同仁　10, 20, 22, 133, 155, 167, 168, 169, 179
一般教化　142, 143, 144, 145, 149, 156
移動性　113, 114, 115, 123, 125
移動防止　103, 180, 182, 190, 195, 199
移動率　197
移入労務者　176, 177, 182, 190
異文化理解　154, 156, 189
色服着用　13, 126
因習改善　94, 103, 104
上條市場　88, 104
宇垣一成　13, 22
内なる国際化　11
大阪府内鮮協和会　130, 134
小野田協和会　85, 86, 167
オンドル　117, 128

か行

怪鮮人　49, 101
懐柔政策　122, 200
稼働率　113, 115, 123, 125, 192, 197, 199
神奈川県内鮮協会　25, 134, 135
神島新吉　23, 25
神棚奉置（神棚設置）　179
韓国併合（日韓合邦）　45, 47
韓人　29, 45, 51
関東大震災（虐殺）　23, 45, 48, 51, 90, 135, 138
関釜連絡船　29, 39, 47, 90
偽渡航証明書　95
キムチ　128
木村堯　25, 148, 153, 154
教育勅語　89, 133
協調会　23, 192
京都向上館　175, 185
矯風会　14, 17, 18, 23, 24, 92, 100, 118, 123, 128, 184
矯風教化　18, 20, 169, 179
協和会体制　7, 8, 10, 12, 49, 50, 52, 112, 123, 124, 149, 155, 163, 164, 181, 189, 190, 198, 199, 203
協和教育懇談会　175
協和国語読本　180
協和事業（実施要旨）　14, 18, 20, 25, 88, 92, 99, 115, 122, 123, 133, 149, 154, 155, 156, 163, 164, 166, 167, 168, 169, 173, 174, 175, 177, 179, 182, 183, 184, 185, 186, 195, 200
協和道場　176, 180
協和婦人会　179, 180
金壹南（金川壹南）　74, 75
金奎錫　67, 72
金元錫　68, 74
金属類回収（金属類供出）　72, 73, 74, 127, 179
金福洙　67, 71, 72
勤労報国労務手帳　180, 196
敬神　80, 177, 182, 183
経済更生（運動）　13, 20, 22, 24, 79
皇居遥拝　146, 155, 190
皇国臣民　11, 25, 50, 89, 99, 106, 154, 163, 167, 168, 176, 180, 182, 192, 198
皇国臣民の誓詞　89, 106
皇民化（皇国臣民化）（政策）　12, 50, 89, 104, 129, 130, 175, 179, 185, 197, 199
皇民化教育　130, 175
興生会　50, 185, 199, 200, 201, 202, 203, 204
幸田タマ　127, 157
国家総動員法　39, 73
国体観念　19, 21, 87, 88, 155, 184

国体明徴　　　　　　　　　　　　　　20
国防献金　　　　　　　　121, 122, 179
国民偕和（国民諧和）　　　　　168, 169
国民精神作興（ニ関スル詔書）　　19, 134,
　　139, 169
国民精神の涵養　　　　　　18, 166, 192
国民貯蓄　　　　　　　　　　　　　177
後藤吉五郎　　　　　　　　　　100, 111
古物商組合　　　70, 111, 112, 118, 119, 122
権藤嘉郎（権逸）　　　　　　　　　200

さ行

佐井金之助　　　　　　　　　　　　 75
債券消化　　　　　　　　　　　　　177
在朝日本人　　　　　　　12, 39, 54, 130
斎藤實　　　　　　　　　　 91, 133, 140
差別待遇　　　　　　　　　　　　　　9
差別的呼称　　　　　　　　　　　45, 120
三・一独立運動　　　　11, 22, 45, 48, 51, 90
３Ｋ　　　　　　　　　　　9, 59, 60, 61, 77
産米増殖政策　　　　　　　　　　37, 46
塩原時三郎　　　　　　　　　　　89, 100
市会議員　　　　　　　　　75, 121, 179, 189
志願兵（制度）　　　　50, 51, 83, 85, 86, 87,
　　88, 89, 93, 104, 112, 122, 130, 189
時局認識（時局対応）　　　7, 84, 85, 86, 87,
　　93, 104, 112, 120, 121, 130, 202
事大主義　　　　　　　　　　　122, 130
指導員（朝鮮人、日本人）　　 16, 17, 75,
　　123, 163, 164, 170, 171, 172, 173, 174,
　　175, 176, 178, 179, 180, 182, 185, 190
支那事変　　　　　　　　　　　 74, 121
屎尿処理　　　　　　　　　　　　　 61
屎尿汲取　　　　　　　　　 75, 78, 80, 191
下関協和愛国推進隊　　　　　　　　179
下関商工会議所　　　71, 77, 80, 100, 101,
　　186
下関市立向山小学校　　　　　　　　102
下関廃品問屋商業組合　　　　　　　 72

銃後奉公運動　　　　　　　　　176, 177
集住（町）　　　69, 75, 97, 101, 102, 134, 140,
　　163, 171
住宅問題（住宅事情）　　 15, 24, 117, 127,
　　136
集団的密航　　　　　　　　　　　　 46
自由渡航　　　　　　　　　　 50, 96, 97
出征遺家族慰問　　　　　　　　121, 122
昭和館（下関昭和館）　　8, 16, 24, 46, 47,
　　79, 84, 85, 86, 87, 91, 98, 99, 105, 126,
　　133, 137, 138, 139, 140, 141, 142, 143,
　　147, 148, 149, 152, 153, 154, 156, 157,
　　158, 159, 160, 164, 165, 169, 175, 183,
　　189, 197
昭和協親会（福井県）　　　　　　　137
職業紹介（制度）　　　9, 47, 53, 91, 98, 130,
　　134, 135, 136, 137, 138, 147, 156, 158,
　　175
神社参拝　　　　　　　　127, 129, 179, 190
心田開発（運動）　　 19, 20, 21, 23, 24, 25,
　　128, 129
生活改善　　　12, 13, 14, 16, 17, 19, 20, 22,
　　25, 123, 140, 155, 159, 167, 175, 176,
　　179, 180
生活刷新　　　　　　　　　 87, 103, 176, 197
制度渡航　　　　　　　　　　　　96, 97
関屋貞三郎　　　　　　　　　　　　 92
戦時体制　　　　　　　　11, 39, 77, 164, 175
鮮人　　　　9, 48, 49, 50, 55, 95, 96, 101, 115,
　　117, 119, 120, 136, 139, 141, 144, 148,
　　150, 152, 154, 155, 166, 182, 198
鮮人村　　　　　　　　　　　　　　114
相愛会　　　　　　　　　　136, 167, 172
創氏　　　　　　　　　　　 88, 103, 172
創氏改名　　　50, 66, 83, 89, 94, 104, 119,
　　129
壮丁錬成　　　51, 159, 170, 175, 178, 180,
　　185, 198, 201
壮丁訓練　　　　　　　　　　　　　177

総力戦体制　93, 125
村会議員　121

た行

太平洋戦争　10, 50, 54, 72, 77, 105, 185, 203
他者認識　207
武田行雄　12, 14, 22, 25, 169, 185, 200
濁酒密造　167
中央協和会　8, 25, 83, 88, 92, 105, 111, 112, 123, 124, 163, 167, 171, 176, 180, 184, 185, 192, 199
中央興生会　199, 200
中堅指導階級　16
中堅人物　50, 79, 123, 164, 176, 182, 190, 206
中堅婦人　123, 176
長生炭鉱　106, 169　（長生炭坑　86, 106, 155）
朝鮮人指導層(指導者)　123, 124
朝鮮人集住地区　69, 75, 101, 102, 140
朝鮮総督府　9, 13, 14, 20, 22, 23, 25, 55, 89, 91, 92, 99, 100, 104, 105, 128, 129, 133, 135, 140, 149, 151, 154, 156, 158, 165, 168, 172, 195, 200
朝鮮陸軍志願訓練生　87, 93
町村会議員　121
町内会長　74, 75, 189
徴兵制　51, 90, 122, 130, 171, 177, 179, 180, 181, 182, 190, 199
貯蓄奨励　174, 177
定住化　7, 24, 35, 37, 39, 41, 44, 79, 126, 151, 157
暉峻義等　193, 195, 203
同化教育　119, 120, 124
同化主義　11
同化政策　11, 15, 16, 19, 20, 21, 50, 99, 198, 199
東和会（下関）　49, 84, 85, 87, 93, 98, 99, 100, 149, 155, 166, 167, 171, 183
同和会（宇部）　49, 85, 86, 99, 140, 148, 165, 167, 171, 185
徳山協和会　167
渡航証明書　46, 95, 105
渡航抑止(政策)　9, 52, 104, 152, 189
渡航抑制　125
隣組組長　74, 189
隣組長　75

な行

内鮮一体　23, 25, 82, 86, 95, 96, 97, 100, 105, 106, 119, 124, 179, 190
内鮮一体懇談会　87, 99, 100, 104, 189
内鮮(人)結婚　119, 120, 129
内鮮人　102, 115, 119
内鮮親和会(熊本県)　137
内鮮融和　8, 9, 10, 14, 15, 17, 18, 19, 23, 24, 25, 49, 92, 94, 98, 102, 112, 114, 130, 133, 134, 135, 136, 137, 138, 139, 140, 141, 142, 143, 146, 148, 150, 151, 152, 153, 158, 164, 165, 180, 181
内地化　13, 14, 16, 17, 114, 126, 146, 153, 154, 176, 199
内地人化　13, 113
内地渡航抑止　9
内地服　17
内地融和　16
内地同化　8, 12, 14, 15, 17, 19, 20, 22, 25, 51, 52, 88, 92, 99, 100, 103, 104, 112, 116, 117, 124, 133, 146, 153, 154, 155, 156, 165, 166, 168, 169, 174, 175, 179, 182, 189, 190, 195, 198, 199, 202
内務省警保局　31, 48, 53, 54, 128, 134, 163, 167, 192
南洋開拓　51, 93
ニッチ(産業)　60, 78
日中(全面)戦争　10, 39, 49, 50, 67, 72, 77, 88, 89, 91, 93, 106, 113, 184, 199

にんにく 118, 197
農村振興運動 13, 20, 22, 23, 24, 25, 79, 126

は行

排英大会 88
廃品回収 59, 70, 72, 74, 77, 78, 79, 177
八紘一宇 95, 105, 106
半島人 20, 50, 51, 55, 76, 93, 96, 98, 101, 102, 103, 167, 174, 176, 190, 191, 193, 194, 195, 198
半島同胞 50, 55, 95, 97, 98, 120, 169, 191, 201, 202
東司 75, 80, 179
兵庫県内鮮協会 134, 136
福岡県社会事業協会 116, 126, 127, 157
服装(の)改善 51, 99, 149
釜山水上警察署 45, 90
不逞鮮人 48, 49
婦徳補導所 180
船木協和会 85, 167
蔑視観念 120, 124
朴基乙 96, 105
朴春琴 75, 121, 130
北鮮開拓(事業) 9, 13, 22
補導員(朝鮮人) 75, 123, 163, 171, 173, 174, 177, 180, 181, 182, 185, 186, 190, 196, 201, 202
保良浅之助 75

ま行

前田一 195, 203
丸山学院 127, 137, 157, 183
漫然渡航(漫然移住) 18, 37, 96, 151
密航(者) 17, 46, 47, 50, 76, 84, 85, 86, 87, 88, 90, 94, 95, 96, 101, 104, 114, 125, 168, 189
密航ブローカー 84, 86, 87, 90
密住地区(密住地域) 16, 17
密集地帯 16
南次郎 100, 106
民心作興 13, 20, 22
森田芳夫 25, 203
守屋榮夫 9, 140

や行

薬師寺照宣 8, 98, 133, 142, 154
八幡協和舘 127
山口県協和会 8, 88, 91, 98, 99, 149, 163, 164, 166, 169, 170, 171, 175, 186
山口県協和会支会 170, 172, 173
山口県社会課下関出張所 98, 149, 197
山口県社会事業協会 91, 99, 137, 138, 139, 141, 152, 164, 183
山口県社会事業協会昭和舘 133, 141, 143, 158
山口県廃品問屋商業組合 72, 74
融和団体 7, 18, 88, 92, 134, 135, 136, 137, 140, 152, 163, 165, 166, 167, 171, 175
融和組織 52
融和事業 19, 122, 126, 164, 165, 183

ら行

李一龍 75
リーダー層 7, 59, 70, 74, 75, 79, 164
李化生 71, 100
陸軍特別志願兵 88, 89, 130
緑旗聯盟 25
隣保館 18, 24, 142, 156, 176
隣保事業 138, 154, 155
錬成道場 180
労務管理 193, 195, 196, 197, 198, 202
労務訓練所 197
労務動員 10, 39, 49, 50, 51, 83, 85, 86, 87, 88, 90, 91, 95, 97, 104, 113, 125, 154, 168, 177, 199, 203

【著者紹介】
木村　健二（きむら・けんじ）　下関市立大学名誉教授
1950年、愛媛県生まれ。1973年小樽商科大学商学部経済学科卒、1986年早稲田大学大学院商学研究科博士後期課程単位取得満期退学。東京農工大学留学生センター助教授、教授、1999年下関市立大学経済学部教授。山口県史編さん近代専門委員。2006年「戦時下植民地朝鮮における経済団体と中小商業者」で東京国際大学から博士（経済学）。主要著書：『在朝日本人の社会史』（未来社、1989年）、坂本悠一と共著『近代植民地都市　釜山』（桜井書店、2007年）。専門は近代日朝経済関係史、近代日本移民史。

　　　　せんきゅうひゃくさんじゅうきゅうねんのざいにちちょうせんじんかん
　　　　一九三九年の在日朝鮮人観

2017年9月25日　印刷
2017年10月10日　刊行

著　　者　　木村健二
発　行　者　　荒井秀夫
発　行　所　　株式会社　ゆまに書房
　　　　　　　〒101-0047　東京都千代田区内神田2-7-6
　　　　　　　TEL 03-5296-0491　　FAX 03-5296-0493
印刷・製本　　新灯印刷株式会社

©Kenji Kimura 2017.Printed in Japan　ISBN978-4-8433-5298-4 C3021
定価：本体2,800円＋税
落丁・乱丁本はお取替致します。